道徳科授業サポートBOOKS

小学校
道徳 説話 大全

田沼茂紀 編著

明治図書

はじめに

　平成27（2015）年3月の学校教育法施行規則等の改正によって，長らくわが国の道徳教育の「要」であった「道徳の時間」が時代的要請を受けて「特別の教科　道徳」＝道徳科（以下道徳科と記す）へと移行転換しました。その主たる理由は，いじめ問題への充実対応や子どもたちの発達の段階をより一層踏まえた体系的な道徳学習にすることでした。

　そんな道徳教育の「要の時間」となる道徳科改革も，今日では当たり前の日常的一風景となって全国の学校，すべての教室で実践が積み重ねられています。でも，少し気になることもあります。それは「道徳科教科書至上主義」となってしまっている現実です。道徳科を教科教育学的に教育内容構成学と教育方法学の視点から俯瞰すると，ただ検定教科書教材を順次指導していくだけで本当に「考え，議論する道徳」が実現できるのか，検定教科書教材は個性ある子ども一人ひとりの道徳学習を成立させるだけの十分な魅力と確かな教導力を満たしているのだろうかと，つい気になってしまいます。

　道徳科授業を成立させる上で，検定教科書は大きな役割を果たしますが，十人十色の子どもたちの道徳学習を思い描くと，そんな授業を成立させていくには道徳科教育学という学問的背景を意識しつつ，道徳科教育内容構成学的な視点や道徳科教育方法学的な視点からの「道徳科学習材そのものの問い直し」や「道徳科学習材活用のための工夫」がますます必要な段階に至っていると考えます。従前から積極的に活用されてきた「説話」等，あれこれと子ども一人ひとりに働きかける学習促進機能としての多様な「道徳学習材」を，新たな時代の授業づくりのために問い直してみようと意図して企画されたのが本書です。その有効活用を決定するのは，皆様です。

　　　　　　　　　　　　　　　　　　令和6（2024）年初夏　田沼　茂紀

CONTENTS

はじめに 2

序章 子どもの感性を揺さぶり励ます説話

- 道徳学習材として期待される説話の役割 ……………………………… 10
- 説話の特質を踏まえた多様な素材の発掘 ……………………………… 13
- 説話で引き出す個別最適な学びと協働的な学び ……………………… 16

1章 教材別説話大全

低学年

- ほんとうにドキドキしたよ（教材：ぽんたとかんた） ……………… 20
- 正直者は得をする（教材：きんのおの） ……………………………… 22
- きっと明日はいい天気（教材：お月さまとコロ） …………………… 24
- もしも世界がこの教室だったら（教材：かぼちゃのつる） ………… 26
- しんせつのちから（教材：はしのうえのおおかみ） ………………… 28
- 相手のことを思って（教材：ぐみの木と小鳥） ……………………… 30
- 思いやる心で自分もHAPPY，人もHAPPY（教材：くりのみ） …… 32
- 「ありがとう」の気持ちを声に出して（教材：きつねとぶどう） … 34
- いつから友達？（教材：二わのことり） ……………………………… 36
- みんなのものを大切に使いたい（教材：きいろいベンチ） ………… 38
- 仲間はずれがなくなった思い出（教材：およげないりすさん） …… 40
- 成長していく大切なあなたへ（教材：ハムスターのあかちゃん） … 42

| 「美しい心」を見つけることができる心（教材：七つぼし） | 44 |

中学年

善いこと，悪いことは，心の中の声を聞いて判断しよう （教材：よわむし太郎）	46
過ぎたるはなお及ばざるがごとし（教材：金色の魚）	48
早起きは三文の徳（教材：目覚まし時計）	50
それが本当に親切なことか相手の立場に立って考えよう （教材：心と心のあくしゅ）	52
詩人まど・みちお（教材：朝がくると）	54
自分にとってのよい友達とは（教材：絵はがきと切手）	56
友達のためなら（教材：いのりの手）	58
目に見えないきまり（教材：雨のバスていりゅう所で）	60
「名もなき家事」ってなんだろう（教材：ブラッドレーのせいきゅう書）	62
親の子に対する思いが命をつなぐ（教材：ヌチヌグスージ）	64
命あるものを大切に（教材：ヒキガエルとロバ）	66
美しく優しい心（教材：しあわせの王子）	68
美しいものは心で感じる（教材：花さき山）	70

高学年

みんなが幸せになる「本当の自由」とは（教材：うばわれた自由）	72
「約束を守る」ということ（教材：手品師）	74
衣服はその人を表す（教材：流行おくれ）	76
利他の心が満ち足りた幸せな生活をつくる（教材：最後のおくり物）	78
「友」という漢字について（教材：泣いた赤おに）	80
本当の友達（教材：友のしょうぞう画）	82
信頼は自分から信用しないと生まれない（教材：ロレンゾの友達）	84
SNSでの捉え違いから（教材：すれちがい）	86

憎しみを越える愛（教材：ブランコ乗りとピエロ）──── 88
憎しみを横に置いて「アハメドくんのいのちのリレー」
（教材：銀のしょく台）──── 90
子どもたちの未来は，世界に開かれている（教材：ペルーは泣いている）──── 92
一人ひとりが自然を守るために（教材：一ふみ十年）──── 94
永遠に語り継がれる生き方（教材：青の洞門）──── 96

2章　内容項目別・説話大全

是々非々とはどんなこと（内容項目：善悪の判断，自律，自由と責任）──── 100
「みんながしているから」より「心にブレーキを」
（内容項目：善悪の判断，自律，自由と責任）──── 101
自由とわがままの境界線
（内容項目：善悪の判断，自律，自由と責任）──── 102
心の綱引き（内容項目：正直，誠実）──── 103
正直の頭に神宿る（内容項目：正直，誠実）──── 104
誠実であるためにここにいる（内容項目：正直，誠実）──── 105
「よくばりな犬」の話（内容項目：節度，節制）──── 106
早寝早起き病知らず（内容項目：節度，節制）──── 107
大谷翔平の言葉（内容項目：節度，節制）──── 108
自分のよいところ（内容項目：個性の伸長）──── 109
自分のよいところを伸ばす（内容項目：個性の伸長）──── 110
自分をみがいて（内容項目：個性の伸長）──── 111
好奇心はいつだって新しい道を教えてくれる（内容項目：真理の探究）── 112
好奇心は道草でもある（内容項目：真理の探究）──── 113
失敗や挫折をすることの意味（内容項目：真理の探究）──── 114
お手伝い続けるよ（内容項目：希望と勇気，努力と強い意志）──── 115

好きだからこそがんばれる（内容項目：希望と勇気，努力と強い意志）――― 116
続けることのよさ（内容項目：希望と勇気，努力と強い意志）――――――― 117
優しいの考え方（内容項目：親切，思いやり）――――――――――――― 118
「どうぞ」を広げよう（内容項目：親切，思いやり）――――――――――― 119
おもいやり算を生かす（内容項目：親切，思いやり）――――――――――― 120
「ありがとう」の言葉の由来（内容項目：感謝）――――――――――――― 121
「敬老の日」を通して先人の努力に思いを馳せる（内容項目：感謝）――― 122
災害ボランティアの現場での「ありがとう」（内容項目：感謝）――――― 123
気持ちのよい挨拶は元気のもと（内容項目：礼儀）――――――――――― 124
字はこころの顔（内容項目：礼儀）―――――――――――――――――― 125
礼儀の心を表す行為（内容項目：礼儀）―――――――――――――――― 126
「4つの言葉」で友達づくり（内容項目：友情，信頼）――――――――― 127
クラスの友達，無二の親友，どちらも大切（内容項目：友情，信頼）――― 128
切磋琢磨し，互いに高め合う友達をつくろう（内容項目：友情，信頼）― 129
「私と小鳥と鈴と」（内容項目：相互理解，寛容）―――――――――――― 130
こども基本法が大切にしている考え方（内容項目：相互理解，寛容）――― 131
セトモノとセトモノと（内容項目：相互理解，寛容）―――――――――― 132
身近な人はどのように約束やきまりを守っているのかな
（内容項目：規則の尊重）――――――――――――――――――――――― 133
1年間の中で交通事故が多いのは（内容項目：規則の尊重）――――――― 134
「きまりやマナー」は時代や場所で変化する（内容項目：規則の尊重）― 135
正義を貫く（内容項目：公正，公平，社会正義）――――――――――――― 136
非公正，不平等の現実には疑問をもち，断固として立ち向かう
（内容項目：公正，公平，社会正義）――――――――――――――――――― 137
思い込みは真実を見えなくする（内容項目：公正，公平，社会正義）――― 138
傍（はた）を楽にする働く（内容項目：勤労，公共の精神）―――――――― 139
係活動の3つのよさ（内容項目：勤労，公共の精神）――――――――――― 140
ひとつ拾えば，ひとつだけきれいになる（内容項目：勤労，公共の精神）― 141

「おうちのにおい」ってどんなにおい（内容項目：家族愛，家庭生活の充実）……… 142
みんなとつながっているんだ（内容項目：家族愛，家庭生活の充実）……… 143
橘曙覧の短歌（内容項目：家族愛，家庭生活の充実）……… 144
楽しい学校生活（内容項目：よりよい学校生活，集団生活の充実）……… 145
協力し合って楽しい学校，学級を
（内容項目：よりよい学校生活，集団生活の充実）……… 146
集団の中の自分の役割（内容項目：よりよい学校生活，集団生活の充実）……… 147
公園を守るわけ（内容項目：伝統と文化の尊重，国や郷土を愛する態度）……… 148
代々続く御神輿（内容項目：伝統と文化の尊重，国や郷土を愛する態度）……… 149
日本の伝統を守る（内容項目：伝統と文化の尊重，国や郷土を愛する態度）……… 150
効果があらわれるとき（内容項目：国際理解，国際親善）……… 151
同じでつながる（内容項目：国際理解，国際親善）……… 152
身近なものが外国のものだった！（内容項目：国際理解，国際親善）……… 153
心臓の働き（内容項目：生命の尊さ）……… 154
寿命をくらべると（内容項目：生命の尊さ）……… 155
「生命」を守る責任（内容項目：生命の尊さ）……… 156
人も昆虫もみんな仲良し（内容項目：自然愛護）……… 157
自然と共に生きる（内容項目：自然愛護）……… 158
人は自然に生かされている（内容項目：自然愛護）……… 159
命の誕生はまさに神秘（内容項目：感動，畏敬の念）……… 160
自然の偉大な力（内容項目：感動，畏敬の念）……… 161
感動は心のエネルギー（内容項目：感動，畏敬の念）……… 162
失敗は成功のもと，成功は…（内容項目：よりよく生きる喜び）……… 163
レジリエンスを発揮して，しなやかな心を
（内容項目：よりよく生きる喜び）……… 164
人間の弱さと進化（内容項目：よりよく生きる喜び）……… 165

序章

子どもの感性を
揺さぶり励ます
説話

道徳学習材として期待される説話の役割

》》道徳科学習における説話の有益性

　道徳科授業を成立させるために不可欠な学習材をイメージしたとき，どんなものが浮かんでくるでしょうか。誰しも，まずは道徳科教科書を思い浮かべるに違いありません。そして，その次にはどんな学習材を用意するのか？と問われると，「えっ，他にも？」と詰まってしまう教師も少なくないように思います。でも，教科書頼りだけで多様な学習展開が可能なのでしょうか。

　道徳科授業で目指すものは，子ども一人ひとりがその時間のねらいに含まれる道徳的価値について理解しながら自身を重ね合わせて見つめ，道徳的な視点から「自分とひと・こと・ものとの関わり」について広い視野から多面的・多角的に考えながら，道徳的諸価値の大切さや一人の人間としての自己の生き方について自覚を深めていくための道徳性を自らの内面に培っていくことです。このような子ども一人ひとりの個別な道徳的資質・能力形成をイメージしていくと，道徳科ではただ教科書教材に含まれている道徳的価値について理解させるといった価値伝達型道徳授業では限界があります。つまり，それでは自分事の道徳学習ができないのです。子どもの日常的道徳生活を踏まえた，切実感ある「考え，議論する道徳」の実現とはならないのです。

　子どもたちの主体的な生き方学習を実現するためには個別な感性に働きかけたり，主教材での学習を補強したりして，道徳的資質・能力形成を後押しする補助教材が必要なのです。そんな自分事の道徳的価値理解を深化させたり，自分事の納得解をもてたりできるように誘ってくれるのが，授業活性化のカンフル剤となって機能する説話や小話等の補助的学習材なのです。

》道徳的感情体験としての説話の効果

　道徳科では特別の教科となったことで，検定教科書と学習評価が導入されました。従前の「道徳の時間」では十分でなかった指導と評価の一体化が重視され，子どもの道徳学習成立のための枠組みを明確化していくことが求められるようになりました。これは，道徳科授業改善策として大きな前進です。
　つまり，道徳科での学習内容は各教科のように内容的目標設定で毎時間の学習成果の積み重ねが教科としての体系的な内容理解へとつながっていくという発想とは一線を画します。目指すのは，一人の人間としての善き在り方や生き方を問うという目標到達度評価的な発想での指導を意図しない方向的目標設定に基づく学習です。そのため，教師側に道徳科の特質理解がないと子どもたちに道徳的価値理解を促すという価値伝達型道徳授業の発想に終始し，「考え，議論する道徳」への転換が実現しない課題が残ります。そんなときに子どもたちの日常的道徳生活に根差した説話を教科書教材と組み合わせながら位置づけると，子ども一人ひとりの感性に働きかけることで生ずる道徳的感情体験を引き出したり，教材を介して得た道徳的価値理解と自らの体験とが重ね合わさったりして，道徳的価値についての感情体験的な理解という「体験の経験化学習プロセス」の場として機能させていくことができます。
　道徳的価値理解というのは他教科でよく見られるような具体から抽象へといった知の拡大プロセスとしての認知的理解に留まらず，個別的感情に裏打ちされた人間としての在り方や生き方と密接に関わり合う情動側面や行動側面も含めたトータルな人間理解となって具象化してきます。ですから，道徳的価値体験と道徳的価値理解とが同時進行するためには，学習者自身の感情体験的価値理解促進のきっかけとなる日常的道徳生活の問い直しを促していく場がとても重要となります。いわゆる，自我関与することの必然性です。
　もう少し平易な表現をするなら，「自分なら，そうせずにはいられない」「自分はこうありたい」といった自分事の道徳的価値への関わりを説話等でリアルに補強していくことで道徳学習を拡げ，深めていくことができます。

》道徳学習活性剤となる説話の無限可能性

　各教科等では，指導すべき学習内容が予め特定されています。つまり，教科目として体系化された学習内容が前提としてあって，それを発達の段階に即して内容構成した学びの範囲（scope）と学びの順序性（sequence）とによってカリキュラム編成されるのが一般的です。ところが，道徳科では他教科のように毎時間の到達目標を明示した内容的目標設定とはなり得ない人間としてのより善い在り方や生き方を問うという本時授業では完結し得ない方向的目標設定となります。ですから「特別の教科」という位置づけなのです。

　ただ，各時授業ではやはり学習活動として目指すべきねらいが必要であり，その学習プロセスにおいて子どもたちの道徳的な気づきへの促しや思考・判断力，価値実現に向けた道徳的行為への見通しや実践意欲醸成のための手立ては不可欠です。このような道徳科のねらい達成に向けての学習プロセスでは，子ども一人ひとりの道徳的なものの見方・感じ方・考え方を互いに確認し合ったり，協働学習として価値追求するために共通学習課題を設定したり，その協働的価値追求結果として得た集団としての道徳的な望ましさ（共通解）を共有したりすることが重要となります。そして最終的に協働学習で見いだした望ましさとしての共通解に照らして，自分はそれをどう受容するのかと自問する個別的な学習（納得解）に立ち返ることで道徳科授業としての一定の学びのまとまりをもたせることができます。

　このような小学校45分間，中学校50分間の学習プロセスをイメージして一連の道徳科授業構想を想定すると，やはり教科書教材といった主教材のみでは少し心許なくなるのではないでしょうか。それを補うのが，副教材としての説話です。それらは授業活性化を促したり，思考を拡げたり，個別な気づきを深めたりする活性化促進剤として機能することになります。

　本時の学習テーマに導くための説話，主教材をより深く掘り起こして学ばせるための説話，改めて自分と向き合うためのきっかけとなる説話等々，各学習場面で活用できそうな素材は身近にたくさんあります。

説話の特質を踏まえた多様な素材の発掘

子どもの日常的道徳生活を拡大する視点

　あくまでも一般論ですが，「説話」と耳にすると，何だか語感的に重々しい印象を受けないでしょうか。子どもたちが接する説話は有り難いためになる話，「なるほど」と心底頷けるような深い話，そんなイメージがどんどん拡がっていくように思います。ただ，そんな話材はどこから見つけられるのでしょうか。そんな話材が身近にたくさんあれば，教科書教材など不要になってくるのではないでしょうか。やはり，説話とは何か，説話の特質とは何かを押さえた収集・活用法をあらかじめ明確にしておくことはとても重要です。説話と小話の違いは，起承転結の伴う話材かトピックであるかです。

　まず，説話について押さえておきましょう。道徳科授業で用いる小話の類いも含めての説話とは，子どもの日常的道徳学習経験をより拡げ，より深め，それらを関連づけて調和的に統合する役割を担う補助的学習材を意味します。つまり，その授業で設定した主題についての学習を成立させるための教科書教材等といった主教材を補うスパイスのような役割を果たすのが，学習過程の様々な場面で用いる副教材としての説話なのです。導入で主教材への橋渡しに用いたり，学習展開の中心部分で揺さぶりをかけるために用いたり，その活用方法は柔軟かつ多様であってもよいわけです。なぜなら，学習者である子どもの側からすれば，教科書教材も，説話や小話も，教室の中で偶然話題になった事柄も，すべてが自分の学びへと導くための学習材なのですから，その授業主題についての学習内容が一貫していればどの場面で，どのタイミングで用いようと活用意図が明確である限りにおいてはそれで十分です。

　そんな道徳学習促進ツールとしての説話素材は，身近なありとあらゆるところに見いだせます。ニュースや画像，見聞きした話題，体験談，ポスター

や新聞記事，本を読んで見知った心打つ言葉やエピソード等々，授業を活性化するためのカンフル剤として説話は随所で活用できます。教科書教材と子どもの日常的道徳生活とを取り結ぶ架け橋，それが説話と小話の役割です。

≫「問い」から学習者相互の学び合いを実現する視点

　道徳科授業では，共に学び合う子ども一人ひとりの道徳的なものの見方・感じ方・考え方が一様にならない点に気づいていくことがとても大切です。その互いの違いへの気づきがあるからこそ，そこで多くの人にとっての望ましさとは何なのかという道徳的価値理解（共通解）を共有し合えたり，「ならば自分はどう考えるのか」「みんなはこう言っていたけれど，自分は……」と自分事の納得解を見いだしたりしていくことができてくるのです。そんな道徳科授業における学習思考・判断過程を成立させていくためには，学習者である子ども一人ひとりの主題に関わる「問い（道徳的気づきや道徳的問題意識）」がとても大切となってくることは言を俟ちません。

　例えば，「はしのうえのおおかみ」を主教材として取り上げ，主題をB-(6)「親切，思いやり」で授業構想するとします。そんなときに子どもたちの日常的な学校生活での望ましい関わり事例を話材として取り上げ，そのときの感情体験を掘り起こしてから主教材に導いたらどうでしょうか。おおかみと森の動物たちとの間に生じたすれ違い感情，自分も日常的道徳生活で体験するような出来事としておおかみの言動とオーバーラップさせながら着目していけるに違いありません。そのときに子どもたちの心の中に生じてくるのは，「どうしておおかみさんは意地悪するのかな」「自分がおおかみさんだったら」といったその学習を展開させる原動力となる個別な学習者としての「問い」です。そんな子どもたちの個別な問いを導きだし，摺り合わせ，整理していく学習の一手間（グループ・モデレーション）を加えることで，その授業で追求していくための共通学習課題を導き出すことができます。これこそが，三者三様に異なる子ども一人ひとりの道徳学びをグラス全体での協働思考学習へと発展させるための「共通の土俵づくり」となるのです。

例えば，子どもたちの学校生活の中で散見される心温まる何気ないエピソードを説話として提示し，教科書教材と日常的道徳生活とを意図的に関連づけていければ，教材中の道徳的問題と自分との心理的乖離は解消できます。

》 多様な価値観形成への気づきを促す視点

　道徳科授業では，学習集団構成員相互による「語り合い」がとても大切です。道徳科授業の実施形態は近年とても多様になってきました。

　例えば，少子化によって増加傾向にある小規模校では，学年合同や異学年合同授業も珍しいことではありません。また，学級数が少ないと最初は学年合同で学習スタートし，途中から課題別集団に分散してその中でとことん意を尽くして語り合った後，また合同集団に戻ってそこでの成果を共有し合うというジグソー法的学習形態も珍しいことではなくなってきました。

　道徳科で学ぶ子どもの視点に立つならば，いつも決まり切った構成員での意見交流よりも自分とは異なる考えに触れる絶好の機会となります。その結果，子ども自身が個々にもつ自らの「問い」について再度自問したり，学習集団内で出された多様で異なる道徳的なものの見方・考え方・感じ方についての新たな理解をするための視点を得ることで自らの考え方や価値観そのものを再吟味する機会を必然的に体験できたりすることも可能にしてくれます。

　語り合いとは，子どもたちがただ皆で話し合うことのみではありません。文字通りに「言葉を介して吾を語る主体的学習活動」なのです。ですから活発に意見を交換し合うだけの対話というよりも，もう少し掘り下げた胸襟開いての自分事としての対話である必要があります。すると，他者対話で気づかされたり，新たな知見を得られたりすると同時に，子ども自身による「自らとの自己内対話」が促進されて，自らの道徳的なものの見方，考え方，感じ方を再度自問しつつ新たな道徳的価値観形成へとつながったりします。

　つまり，授業で用いる主教材での語り合いだけで終わればよしとするのではなく，そこに補助教材となる説話を挿入することで新たな切り口を発見したり，再検討したりする必然性をもたらすことができるのです。

説話で引き出す個別最適な学びと協働的な学び

》予定調和型道徳授業から価値創造型道徳科授業への転換

　かつての「道徳の時間」から現在の道徳科へと移行したことでいちばん転換が期待されたのは，子どもが道徳科で体現する主体的な学びの姿です。つまり，「考え，議論する道徳」の実現です。あれから時を経て，果たして現在の道徳科授業実践での現実はどうなっているのでしょうか。掛け声とは裏腹に相変わらず教師による一方的な問いかけと，それを先回りした模範発言を繰り返す子どもたちとの掛け合いで終わってはいないでしょうか。それでは，予定調和を前提とした旧態依然な道徳授業で終わってしまいます。
　「考え，議論する道徳」というスタンスは時を経てもその重要性は変わるものではありませんし，OECD Education2030プロジェクトが標榜するコンピテンシー・ベース（資質・能力形成を主眼とする考え方）で生徒エージェンシー（自らの人生や在り方を改革しようとする意欲や実践力）に基づくウェルビーイングな学びの実現という今日的な教育改革動向とまさに重なり合う，本来的な意味での個別な道徳学びを実現していくことが道徳科授業の理想の姿であるに違いありません。それが容易に実現できない理由とは，旧態依然な教師主導による授業展開をよしとする指導観や学習意識の在り方です。
　「考え，議論する道徳」の実現を阻む阻止要因について，多くの教師はこれまでの経験則でおおよそは理解できています。ただ，それを改善するための一歩を踏み出すことに躊躇するのは，価値創造型道徳科授業となったら子ども自身が自らの問いを立てて価値追求していくような探求的手法にならざるを得ないからです。そうなったとき，目指す道徳的価値についての理解やその深まりを本当に共有できるのかと疑心暗鬼に駆られてしまうからです。それでは，自分事の道徳学習を子どもたち一人ひとりに実現していくことは

できません。そんなとき，説話は教科書教材と学習者とを適切に結びつけてねらいとする方向へ価値探求していくためのきっかけを提供してくれます。

≫ 説話で互いに響き合って実現する「自分事の道徳学び」

　道徳科の学習過程で適宜用いる説話は，子どもたちが道徳的価値や人間の生き方に関わって，その大切さについての気づきを促すという明確な学習促進機能としての役割を担っています。したがって，道徳学習過程のどの部分で用いてもその目的や役割さえ明確にさえなっていれば，説話の効果的な活用は可能です。ただ，その際の必須要件は子どもたちの課題意識や価値意識に働きかけて道徳的思考活動を促すだけでなく，その主題に包含される道徳的価値の本質的理解へと誘う視点をきちんと押さえておくことです。

　道徳科では，「自分事の学び」が重視されます。道徳科授業で学習者の心にいちばん染み入るのは，自分自身の日常的道徳生活での直接体験的な出来事です。ただ，それは善くも悪くも個別体験的な出来事であって，互いの価値観についての語り合いを通してその背景にある道徳的価値に気づかせ，自覚化を促すといった共通学習材とはなりにくいものです。ですから，第三者が対峙する具体的状況下での道徳的体験を共感的に自我関与しながら考えることを意図した主教材を用いるわけです。ですが，設定された教材中の状況や道徳的出来事が子どもの日常的道徳生活と乖離しそうな状況が想定されるなら，主教材と個々の子どもの道徳的現実との間に生ずる溝を埋めたり，橋渡ししたりする説話等が必要です。個別な道徳学びのきっかけとなる「問い」が生じなければ，互いのものの見方・感じ方・考え方の交流を意図してなされる「語り合い」という協働思考的学習活動は実現しないからです。

　説話には，主題のねらいや主教材への方向づけといった授業導入段階での活用も考えられます。また，道徳的価値についての協働思考を促して共通解を導き出すことで道徳的価値共有をしたり，共通解に照らして自らの道徳的価値観としての納得解を問い直したりする展開段階や終末段階での活用も考えられます。そんな説話が中立的で印象深いものであれば，きっと子ども一

人ひとりの琴線に触れて「自分事の道徳学び」を実現してくれるでしょう。

》 説話で目指すゴールとしての道徳学習共同体の創出

　道徳科で目指すゴールは，他者と共に「善く生きる」ための道徳性を育むことです。当然その学びでは，価値理解だけでなく，人間理解も並行して展開されていきます。そこで学んだことが自分事の価値理解や人間理解と結びついた先に自己理解ができてきます。

　子ども一人ひとりが抱く個別な「問い」からスタートした道徳学習では，個々の問いを摺り合わせて共有した共通学習課題を設定することで学習共同体としての主体的な価値創造型道徳学習を実現していけます。そして，そこでは互いが共感し合える価値としての望ましさを「共通解」として共有するこができます。それがあってこそ，その価値理解に基づいた個別な自問として「共通解」の再吟味が可能となり，子どもたちはそれぞれに最終的に自分事の価値自覚としての「納得解」を手にすることとなります。その段階で教師が印象深く説話で締め括ろうとするならば，どんな素材が望ましいのでしょうか。それは，子どもが自らの納得解に照らして腑に落ちる話材です。

　説話は，こんな条件を満たしていなければといった制約はありません。それゆえに，教師自身や敬愛する他者の生き方・信条等についての素材，日常生活場面で心引かれた出来事の概略，新聞やテレビ，ネット等で見聞した情報についての所感等を身近なところで発見しながら活用していくわけです。ただ，それがいつもパターン化していたり，教師の狭量な経験に基づくものばかりであったりすると，子どもがせっかく各々の個別な問いを摺り合わせ（グループ・モデレーション）て設定した共通学習課題による協同思考学習というプロセスで丁寧に深めた個別な道徳学びの内容を補強したり，意欲づけたりする役割を十分に果たせないような事態も生じかねません。

　要は，子どもの内面に働きかけ，将来の自分の在り方や生き方に思いを馳せながら，未来志向的に考えられる道徳学習を実現する一助として主教材を支え，意味深い補助学習材として機能するのが説話なのです。　　　（田沼茂紀）

1章

教材別
説話大全

低学年　📖「ぽんたとかんた」
善悪の判断，自律，自由と責任

ほんとうにドキドキしたよ

教師自身の経験から，「よいと思ったことをできたとき」のことをそのときのドキドキしたことや，周りの反応を交えて話をします。

　今日は，「ぽんたとかんた」のお話で，自分でよいと思ったことを選ぶことについて，ぽんたくんになりきってたくさん考えましたね。
　では，私の小学校のときのできごとのお話，聞いてくださいね。

　ある日，担任の先生が「もうすぐクラスでお楽しみ会をしましょう」とお楽しみ会の説明をしてくださったの。グループで出し物をしたりするというのを聞いてみんな大喜び。
　休み時間が始まったときには，「みんな！　遊びに行かないで。出し物のグループを決めちゃって準備を始めよう！」「座って！」と何人かの子がみんなに呼びかけていました。私も，楽しみだったから，「早く決めて準備がしたいな」と思いながら席に座ったの。
　「どうやって決める？　どんな出し物する？」
　話はどんどん進み始めました。
　そのとき，ふっと自分の後ろの席の子の姿がないことに気づき，その日は風邪で休んでいたことを思い出しました。
　（知らない間に全部決まってしまったら，きっといやだよね。でも……）
　（今みんなすごく盛り上がっているし，「お休みの人がいるから，決めるのは今度にしよう」というのは，言いにくいな。でも……）

と，私の心は悩み始めました。
　悩んでいる間にも，話し合いはどんどん進んでいきました。
　話は，ますます盛り上がっていきました。
　（お休みの人がいること言った方がいいよね）
　（でも…言いにくいし…。言っても聞いてくれるかどうかわからないし……）
　（でも…言った方がいいよね…）
　みんなは，このときの私の気持ちがわかるかな？
　そしてね…「えいっ！」と手を挙げたのですが，「お休みの人がいるよ」と，それだけしか，それも小さな声でしか言えなかったんです。
　でも，私の言ったことを聞いたみんなは，「あっ，本当や！　お休みの人の意見も聞かないと！」「グループはまだ決めたらだめだね」と言って，続きはまた今度に決めることになりました。

　みんなは，きっとお休みの人がいることに気づいていなかっただけだったのでしょうね。とっても勇気がいったけれど，みんなに伝えてよかったなと思いましたよ。もし，言っていなかったら，お休みをした人のことがずっと気になったと思うし，お楽しみ会も楽しめなかったと思います。
　お楽しみ会は，どうだったと思いますか？
　とっても楽しいお楽しみ会になりましたよ。

（龍神美和）

低学年　📖「きんのおの」

正直，誠実

> ### 正直者は得をする

　嘘をついたりごまかしたりしないで，正直に素直にのびのびと生活することのよさと大切さを話します。

　今日は「きんのおの」という正直な木こりのお話でした。
　このお話は，もともと古いギリシャの「イソップ寓話集」の中の「ヘルメスと木こり」というお話です。
　日本にも同じような昔話で「こがねのおの」という木こりのおじいさんのお話があります。

　ある日，働き者のおじいさんが池のそばで木を切っていると，斧の刃が柄から抜けて池の中にドボンと落ちてしまいました。池の水神様に「おらの斧を出してください」とお願いすると，池から水神様が「斧を持ってきてやった」と美しいこがねの斧を持って現れます。正直なおじいさんは「水神様，これは自分の落とした斧と違います。どうかおらの斧を出してください」とお願いします。水神様は，おじいさんの斧を出し，「正直者で欲がない者には，ほうびとしてこのこがねの斧もやりましょう」と言われました。
　この話を聞いた隣のおじいさんは，斧を持って池まで走っていき，木を切りましたが，斧の刃が柄からなかなか抜けないので，火にくべて柄をもぎ取り，わざと斧を池に投げ入れました。同じように水神様が現れましたが，こがねの斧が自分の斧だと言ったおじいさんに「お前のような不正直な者にはこがねの斧はやれない。帰れ」とそのまま水の中に消えてしまったそうです。

隣のおじいさんは，自分の斧までなくしたという話です。

　違う国のお話なのに，同じ内容でおもしろいですね。
　他にも，「こぶとりじいさん」「花咲かじいさん」「おむすびころりん」など正直者のおじいさんが出てくる昔話はたくさんあります。
　お話に出てくる正直なおじいさんたちは「真面目に働くことが大切で，真面目にやっていれば，そのうちいいことがある」とみんな言っています。

　日本には，こんなことわざもあります。
　「正直の頭に神宿る（しょうじきの　こうべに　かみ　やどる）」
　これは，日ごろ真面目に働く正直者には，必ず神様が見守ってくれていて，幸せに生活ができるという意味のことわざです。実際に神様がいて見ていてくれるかどうかはわかりませんが，正直に生きるということは，生活していくうえで，心も身体も気持ちよく順調に進んでいき，幸せが得られること，間違いありません。

　また，「正直は一生の宝（しょうじきは　いっしょうの　たから）」ということわざもあります。正直は一生を通じて，大切に守るべき宝だというのです。正直者であれば，周りの人からも信用されて，その人の成功や幸福につながっていくのです。

　日ごろから，欲を出さず正直でいることは大切なことなのです。嘘をついて，そのときだけごまかそうとしても，神様や周りの人にはわかってしまうものなのです。正直に素直で生活することが，最後には真の得をするということなのでしょう。

（三ッ木純子）

低学年　　📖「お月さまとコロ」
正直，誠実

> きっと明日はいい天気

明るい気持ちになるには，他の人の関わりによるきっかけがあったとしても，自分自身の変わろうという気持ちが重要だと話します。

　今日はコロの気持ちを考えながら，自分が悪かったと思ったら素直に謝って，明るい気持ちでいることがいいなあということに気づきましたね。
　そうは言っても，ときには落ち込むこともあるし，嫌な気分になることもあるでしょう。私もそんなときがあります。みんなはどうですか？　落ち込んだり，嫌な気分になってしまったりすることはありますか？

　そんなとき，明るい気持ちに戻るために，私は歌を口ずさむことがあります。
　例えば，この歌です（「にじ」を流す）。知っている人も多いでしょう。この歌を歌うと，なんだか不思議と元気が出て，楽しくなってくるのです。私の好きな歌詞はここです。

「くもが　ながれて　ひかりが　さして　みあげてみれば
　ラララ　にじが　にじが　そらに　かかって
　きみの　きみの　きぶんも　はれて
　きっと　あしたは　いい　てんき
　きっと　あしたは　いい　てんき」

雨上がりに見上げた空に，偶然，虹が見えると，なんだかものすごくうれしくなります。この歌を歌うと，そのときのうれしい気持ちを思い出せるのです。そして，落ち込んだり嫌な気分だったりしたことから気持ちを切り替えて，よしがんばろうと思えるのです。

　でも，よく考えてみると，虹を見て元気が出るのは，その前に自分が空を見上げたからですよね。下を向いたままだと，たとえ虹が出ていても気づかないかもしれません。だから，嫌なことがあって落ち込んでいるときでも，顔を上げたらきっと気持ちが切り替わって，明るい気持ちでがんばれるぞと思って，自分の力で顔を上げることが大事なんだなあと思うのです。誰かに顔を上げてもらい，空を見るのではなく，自分の力で見上げるということが大事なのだと思うのです。

　自分の力で空を見上げる。つまり，自分から前を向いて明るい気持ちになろうとする気持ちを，私は大事にしたいと思っています。
　では，最後にみんなで「にじ」を歌ってみましょう。
　（みんなで「にじ」を歌う）。
引用文献：「にじ」作詞：新沢としひこ／作曲：中川ひろたか

（尾崎正美）

低学年　　📖「かぼちゃのつる」

節度，節制

> # もしも世界がこの教室だったら

本時の学習をもとに，今の世界の取り組みに目を向けます。

　今日は自分の思いのままにつるをのばしていったかぼちゃのことを勉強しましたね。

　みつばちや，ちょうちょ，すいか，子犬たちがせっかく教えてくれたのに，最後まで聞き入れようとしないかぼちゃは，トラックにつるをひかれて切られてしまいましたが，もし，みんなの言葉を聞き入れていたら，こんなことにはならなかったのかもしれません。誰もが，自分の思うがままに，のびのびと暮らしたいと思いますが，みなさんの周りには自分だけではなく，たくさんの人が暮らしていることも忘れるわけにはいきませんね。

　さて，私たちはこのお話のかぼちゃと同じように，この世界に一人で暮らしているのではありません。家に帰れば家族が，教室では先生や友達が，町には町の人たちが，そして日本中の人たち，世界中の人たちがみなさんと一緒にこの地球に暮らしています。

　今，地球で暮らす世界の人たちはどんどん増えているそうです。もし，地球の広さがこの教室の広さだとして，今の世界の人たちの人数が今教室にいる35人全員だと思い浮かべてみましょう。

　私がみなさんと同じ子どもだった頃の30年前には，同じ広さのこの教室には大体25人くらいの人たちが毎日をすごしていました。今ここにいる人たち

より10人も少ないですね。私が子どもの頃の世界は，今よりも少ない人数で暮らしていたのです。

　では，みなさんが大人になる20年後には，同じ広さのこの教室にいる人たちは何人くらいになっていると思いますか。もしも世界がこの教室だとしたら，大体40人くらいになるそうです。今，この教室にいる人の数よりも，5人くらい増えるのです。

　世界の広さは変わらないのに，世界に暮らす人は増えていきます。みなさんが大人になる頃には，世界中の人々の暮らしが今よりもきゅうくつになっているのです。今から何も準備をしなければ，だんだんこれまでと同じような暮らしはできなくなっていくかもしれませんね。

　しかし，世界中の人たちは何も準備をしていないわけではありません。

　みなさんは，SDGs（エスディージーズ）という言葉をどこかで聞いたことはありませんか。世界中で，これから地球に暮らす人が増えても，みんながこれまでと同じように暮らしていくための取り組みが始まっています。

　身近なところでは，これからも世界中の人が食べ物や飲み水に困らないように，食べ残しや水の無駄遣いをしないようにすること，暮らしに困らないように物を大切に使い続けたり，ごみをできるだけ少なくしたりすることなどです。どうですか。みなさんにもできそうでしょう。みなさんが普段から学校やおうちで気をつけていることもありますね。

　世界中の人たちみんなが，これまでと同じ暮らしを続けていくために，みなさんも自分ができることから始めてみませんか。

参考文献：総務省統計局『世界の統計　2024年版』2024年

（中橋和昭）

低学年 「はしのうえのおおかみ」

親切，思いやり

> しんせつのちから

　マタニティマークの実物を見せながら，「親切なできごと」を見ていた周りの人の視点からの話をします。

　いじわるだったおおかみさんが親切なおおかみさんになったのは，どんなことに気がついたからなのか，みんなでたくさん考えましたね。

　ところで，みなさんこのマークは見たことがありますか？（マタニティマークのキーホルダーを見せる。）
　お母さんと赤ちゃんを守るために，周りの人におなかに赤ちゃんがいることを知ってもらうためのマークです。私がこのキーホルダーをつけた人と出会ったときの話を聞いてください。

　この間電車に乗っているときに，疲れたなあと思いながら座って本を読んでいる私のすぐ近くに女の人が乗ってきて荷物を持って立っていたの。電車は，少しいっぱいで，これからどんどんお客さんが増えそうな時間でした。
　しばらくすると，隣に座っていたお姉さんが席を立ってどこかへ行かれました。「降りられたんだな」と思っていると，その席にさっきの女の人が座ったんですね。そのとき，ふとかばんを見るとマタニティマークのキーホルダーが！
　「もっと早く気づいて，私が席をかわってあげればよかった。席が空いてよかった」。私は，そう思いながら，本の続きを読み進めました。

そのうち電車は，満員になってぎゅうぎゅう詰めになりました。でも，何駅か進むと，お客さんは降りていって，だんだんと少なくなっていきました。そして，ふと，本から目をはなして顔を上げたとき……。私の斜めむこうのシートに，さっき席を立ったお姉さんが座っているのが見えたのです。お姉さんは，電車を降りたのではなく，女の人に席に座ってもらうために，席を立っていたのです。

　「優しい人だな……」と思っているうちに，終点の駅に着きました。すると……。私の隣に座っていた女の人が，お姉さんの方に向かって歩いていきました。そして，お姉さんに，「ありがとうございました。体が辛かったので本当に助かりました」と話しかけていたのです。お姉さんは，にこにこしながら，「いえいえ…。マークが見えたので…。当たり前のことだし……」と言っていました。女の人も，お姉さんもにこにこしていました。

　にこにこしている２人を見ながら，私も，にこにこになっていました。「しんせつのちから」ってすごいですね。みんなをにこにこにしちゃうんですね。
　みんな，にこにこになったけれど，あとから，私も早く気づいて席をゆずれていたらよかったな…って思いました。今回はお姉さんが気づいてくれたからよかったですけれどね。

（龍神美和）

低学年 「ぐみの木と小鳥」

親切，思いやり

> 相手のことを思って

> 相手のことを考えて，優しい気持ちで行動することのよさが伝わるように話をします。

　今日は嵐の中でもりすさんのところにぐみの実を運んだ親切な小鳥さんの話から，みんなも自分が親切にできたこと，できなかったことをいろいろ思い出して話をすることができましたね。

　最後にもう一つお話をしたいと思います。
　この前，すごく雨と風が強かった日，「傘が壊れちゃった」という人もいましたよね。その日，私もぎゅっと強い力で傘を握って飛ばされないように気をつけながら歩いていたのだけれど，ちょうど登校途中の低学年の子を見かけたんです。

　その子は，壊れた傘を手に持っていました。そして３年生ぐらいの子がその子のことを，自分の傘に入れてあげながら，強い風に負けないように歩いていました。３年生ぐらいの子は，自分も半分ぐらいぬれてしまっているのに，低学年の子が少しでもぬれないようにと自分の傘で守ってあげていました。

　私も一緒に歩きながら，「もうすぐ学校だからね」と声をかけて一緒に歩いたんだけど，３年生ぐらいの子は「はい，大丈夫です」と元気よく答えて

くれました。きょうだいなのかと思ったら、たまたま近くを歩いていただけで、低学年の子が風で傘が壊れてしまって困っているのを見て、声をかけたそうです。

　お互い顔見知りだったわけでもなくて、通りかかっただけだったそうです。自分もぬれちゃうのに困っている子を見て、助けてあげているなんて素敵な上級生だな、と思いました。

　私も少し助けてあげたのだけど、大人と子どもで背の高さが違うから上手に助けられなくて、よっぽどその３年生ぐらいの子の方が低学年の子に近くて、なんだか２人の心と心も近づいているように見えました。雨にぬれて冷たかったのに、見ているだけで先生の心もぽかぽかになりました。親切にしている人を見ると、こんなにうれしい気持ちになるんだな、と思ったお話です。

　それでは、今日の勉強を終わりましょう。

（仲川美世子）

低学年　📖「くりのみ」

親切，思いやり

> 思いやる心で自分も HAPPY，人も HAPPY

　自分のことばかり考えるのではなく，人のことを気遣う思いやりの心が，相手も自分も笑顔にするということを伝えます。

　今日は「くりのみ」という，きつねさんとうさぎさんが出てくるお話で，みんなでたくさん考えましたね。
　「うさぎさんの温かい心を知って，きつねさんは泣いたんだ」とたくさんの子が発表してくれました。「うさぎさんの人のことを考えてあげられる優しい気持ち」が心に残ったという人がたくさんいましたね。今日はこんな勉強したよと，お家に帰ってぜひご家族に話してあげてください。
　最後に，一つお話をします。「天国の食卓と地獄の食卓」というお話です。これからするのは，私が大人になってから聞いた話で，先生が高校時代に教わった先生から聞いたお話です。

　昔，地獄と天国の見学に行った男がいました。最初に行ったのは地獄です。ちょうどお昼を食べる時間でした。ランチタイムです。大きなテーブルを囲んで，悪いことをして地獄に落ちた人たちがずらりと並んでいます。地獄とはいえ，お昼の時間はみんなうれしそうです。テーブルの上には，ごちそうが並んでいます。見ると，一人ひとりの手には長い箸が握られていて，長さは１メートル以上もありました。
　見ていると，みんなその箸を一生懸命動かして，おいしそうなごちそうを食べようとしています。でも，長い長い箸ですから，上手に自分の口に入れ

ることができません。ぼろぼろとこぼれてしまい、なかなか自分の口には入れられません。しまいには、怒り出す人や近くの人が食べようとしている料理を取ろうとして喧嘩が始まったり、地獄の食卓は大騒ぎです。

　次に、その男は、天国に行きました。天国では、夕食の時間らしく、地獄と同じように大きなテーブルを囲んで、たくさんの人たちが座っています。こちらもみんなうれしそうで、笑顔です。ふと見ると、天国の人の手にも、１メートル以上ある長い箸が握らされているのです。「天国なのに、どうして」と思いながら、しばらく見ていると……。そのわけがわかりました。天国の人たちは、長い箸でごちそうを挟むと、自分の向こう側にいる人に「どうぞ」と言って、食べさせ始めたのです。「ありがとうございます」と言って笑顔でごちそうを食べると、今度はその人が「何を召し上がりますか。今度は私がお返ししますよ」と言って、ごちそうを取って食べさせていました。「ははぁ、これが地獄に行っている人と、天国に来ている人の違いかぁ」と感心したということです。

　同じ食事のシーンですが、地獄では、自分が自分がと自分のことばかり考えて食べようとし、喧嘩が起きていました。天国では、相手のことを思いやり、「ありがとう」と言って感謝しながら、お互いに食事を楽しんでいました。自分さえよければでは、幸せはやってきません。自分もHAPPY、人もHAPPYになれる生き方って素敵ですね。

（櫻井雅明）

低学年 📖「きつねとぶどう」

感謝

> 「ありがとう」の気持ちを声に出して

相手への思いやりではなく，自分自身の生き方への誠実さにつなげて話をします。

　今日は，「きつねとぶどう」というお話で「ありがとう」という感謝について勉強してきました。昔住んでいたところに生えているぶどうの実を食べたきつねは，その場所にぶどうの実がなっているのはどうしてなのかを知りました。お母さんぎつねが自分を助けるために，銃で撃たれながら，その場所にぶどうの種を置いて行ってくれたことがわかりました。みんなの中にも「きつねのお母さんが自分の命と引き換えに……」とか，「自分の命を守ってくれたお母さんのおかげで……」と言ってくれた子が何人もいましたね。だから，「お母さん，ありがとう」だったんだね。
　最後に，このお話と同じように「ありがとう」が出てくる話を一つします。
　ある会社が行っている「「いつもありがとう」作文コンクール」に応募してきた作文の一つを紹介します。このコンクールは，最近では，全国の小学生から１万近い作品の応募があるそうです。
　九州の福岡県福岡市というところに住んでいる小学校３年生の女の子の作文です。題名は，「ありがとうの言葉はっしゃ三秒前」というちょっとおもしろい題名の作文です。
　「こんな時はありがとうって言ってほしいな。」
　せんたく物を受け取っただけのわたしのお母さんが言った。お母さんがたたんでくれたから，よく考えればそういった方がいいかもしれない。でも，そんな

ふうに言われると、その言葉は口から出てこない。

　作文はこんなふうに始まるのですが、この女の子、一週間くらいを自分で振り返ってみて、そう言えば、お母さんに「ありがとう」という言葉を言っていなかったということに気がつくのです。

　そこで、お母さんに「ありがとう」と言おうと思って、いろいろなときに言おうとします。でもなかなかできないのです。短い言葉なのにどうして言えないのだろうと、心がもやもやして、少し恥ずかしいのかもしれないと落ち込んでしまいます。

　ある日のこと、冷蔵庫のドアに、その子がお母さんに書いたたくさんの手紙が貼られているのを見つけます。「いつもみんなのために働いてくれてありがとう」「勉強を教えてくれてありがとう」「やさしくしてくれてありがとう」など、たくさんの「ありがとう」の手紙を見て、自分が「ありがとう」の気持ちをいっぱい伝えていたことに驚き、少しほっとします。お母さんに、どうして冷蔵庫に貼ってあるのかを聞くと、「ありがとうの気持ちがうれしいし、すぐに見えて元気が出るから」とお母さんは答えます。それを聞いて、自分が「ありがとう」の気持ちをもっていたことにも気づき、最後はこんな一文で終わります。

　「おかあさんありがとう」この言葉はもうすぐわたしの口からとび出していくよ。

　「ありがとう」という気持ちを伝えるには、「声に出して直接会って伝える」のがいちばんいいという調査があります。10人のうち、だいたい9人がそう答えるそうです。「ありがとう」と言われて嫌な気持ちになる人はいませんね。

　私も、「ありがとう」を言えるように心がけたいと思います。みんなもいろいろな人に「ありがとう」を伝えられるといいですね。「ありがとう」が増えると、素敵な家族、笑顔のクラス、明るい学校になるような気がします。

引用文献：佐藤由依「ありがとうの言葉はっしゃ三秒前」第17回シナネンホールディングス株式会社主催「「いつもありがとう」作文コンクール」優秀賞、2023年　　　　　（櫻井雅明）

低学年　　📖「二わのことり」
友情，信頼

> いつから友達？

互いを思い合うことやその積み重ねで友情が深まっていくということを教師自身の友達との出来事や経験を踏まえて話すようにします。

　今日は「二わのことり」の話のやまがらさんのところへ飛んでいったみそさざいさんになってたくさん考えましたね。やまがらさんとみそさざいさんは，これからきっと大切な友達同士になっていくのでしょう。

　今から，私のお友達についての話を聞いてください。
　私には，小学校のときからの大切な大切なお友達がいます。
　でも，いったいいつから友達だったのかな……と考えてみました。同じクラスになったとき？　一緒に遊んだとき？　いつから友達かって難しいですね。でも，一緒に過ごすなかでいろいろなことがありました。

　小学校2年生のとき，家で飼っていた犬の「くろちゃん」が病気で死んでしまったときのこと。とっても，とっても悲しかった。
　いつも散歩に行った公園で，くろちゃんのために，一生懸命シロツメクサの花を摘んでいたら，そのお友達が，「どうしたの？」って。そして，私の話を聞くと，一緒にシロツメクサの花を摘んで，お花のかんむりを，「くろちゃんに」と言ってつくってくれたの。悲しかったのに，うれしかったな……忘れられない出来事です。

休み時間のおおなわとびのときのことも忘れられません。
　私は、おおなわとびが苦手で、タイミング良く入ることができなくてすぐにひっかかっていました。だから、だんだんと見ているだけになりました。
　ある日、いつものようにおおなわとびを見ていると、そのお友達がやってきて、「どうしたの？」って。「とべないから……」と言うと、みんながとんでいるのを見ながら、コツを一生懸命教えてくれました。
　とべるようになったとき、そのお友達もとっても喜んでくれたの。私はとべたのもうれしかったけれど、お友達が喜んでいたのもうれしかったなあ。
　今、私、おおなわとびをとぶの、上手でしょう。そのお友達のおかげなんです。
　中学校になって、お友達が遠くに引っ越すことになったときは、私は、お別れの日に、心をこめて書いたお手紙をわたしたの。とても喜んでくれたけれど、とってもさみしかったな。
　そのときから、住んでいるところは、離れてしまったけれど、お友達なのはずうっと変わらないです。今も、何でも話すことができるお友達です。
　いつからこんなに大切なお友達になったかは…やっぱり、はっきりわからないけれど、だんだんとなのかな。
　これからも、きっとずっと、私にとってその子は大切な友達です。

(龍神美和)

低学年 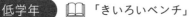 「きいろいベンチ」
規則の尊重

> みんなのものを大切に使いたい

自己中心性が強く自分勝手になりがちの子どももいるので，みんなが使うものを大切にしたいという意識をもつような話をします。

　今日は，きいろいベンチというお話で，みんなが使うもののことを考えたり，約束を守ったりすることの大切さを考えました。
　きっと，みなさんもおばあさんや女の子のように，みんなで使うものが汚れていたり，壊れていたりして困ったこともあるのではないでしょうか。

　私も，つい最近困ったことがありました。それは，図書館で本を借りたときのことです。
　ある本を借りたくて図書館に行きました。でも，その本は，とても人気のある本で，予約をしないと借りられなかったのです。図書館の人に，予約のお願いをして，その日は帰りました。

　1週間後，図書館から「予約していた本が，戻ってきました」という連絡が入りました。楽しみにしていた本だったので，すぐに図書館に行き，お目当ての本を借りてきました。家に帰る途中も，「やっと私のところに来た。早く読みたい」とうれしさでいっぱいでした。

　家に帰ると，うがいと手洗いをさっさと済ませて，本を開きました。

どんどん読んで，あっという間に1時間がたってしまいました。続きは夕ご飯の後にしようと，一度本を閉じました。
　夕ご飯を食べているときも，後片付けをしているときも，早く続きが読みたくてそわそわしていました。「よし，読むぞ〜」とワクワクドキドキしながら読み進めていると，ちょうどいいところで，なんとページが抜け落ちていたのです。
　「えっ？　えっ？　えっ？　どうしちゃったの？　なんで？」
　ここから先はどうなるの，と頭が真っ白になりました。3枚くらい切り取られていて，ページにすると6ページ分がないのです。

　私のがっかりした気持ちをわかってもらえますか。1週間も待って，楽しみにしていた本が読めないのです。悲しい気持ちになりました。

　翌日，図書館に本を返しに行きました。図書館の人に「ページが破れていて，内容がわかりませんでした」と言うと，図書館の人が悪いわけではないのに「ごめんなさい」とあやまってくれました。そして，「汚れたり，破けたりした本なら，なんとか直してお貸しできるのですが，ページが切り取られてしまっては，もう直せないのです。この本は人気があり，次も予約が入っていたので残念です」と言いました。

　図書館の本は，たくさんの人が借りに来ます。みんなが楽しみにしている本なのです。ですから，いつも以上に，きれいにていねいに扱ってほしいと思いました。せっかく借りた本が，読めないなんて，こんな悲しいことはありませんでした。
　私のようにがっかりではなく，にっこりする人が増えるといいなと思いました。

　　　　　　　　　　　　　　　　　　　　　　　　　（三ッ木純子）

低学年　📖「およげないりすさん」

公正，公平，社会正義

仲間はずれがなくなった思い出

「仲間はずれ」は身近なものであり，それがなくなるとどれだけ楽しいことかが伝わるように話をします。

　みんな自分のことをたくさんお話できましたね。
　最後に，私もお話ししたいことがあります。

　私がちょうどみんなぐらいの１年生か２年生だったとき，クラスに転校生のかけるさんという子がやってきました。
　かけるさんは，自己紹介のときにあまり聞いたことのない言葉を使ったり言い方をしたりしていたので，あれっ？　という感じで，友達と目が合ったことを覚えています。よく考えたら，かけるさんは遠くから引っ越してきたので，言葉の使い方が違って当たり前だったんですね。方言というのだけれど，みなさんは知っていますか？
　日本の中でも住んでいるところによって使う言葉が違ったり，発音が違ったりするものなのですね。
　それでも，最初のうちはみんなで話しかけたり質問したりして，仲良くしなきゃ，いろいろ教えてあげなきゃ，と思っていたのだけれど，だんだんとかけるさんがしゃべらなくなっていったことに，あまり気がついていませんでした。

40

あるとき，担任の先生が私たちに「使う言葉や話し方が違うからって仲間はずれにしていませんか？」と聞かれました。
　私は，そんなつもりはなかったけれど，でもなんとなく話しかけづらくてわざわざ声をかけて一緒に遊ぼうとはしていなかったな，と思いました。ちょっと言葉が違うから，話がうまく続かなくて声をかけにくくなっていたんだけど，それが「仲間はずれ」にしていることだとわかりました。

　それで，その日の休み時間にみんなでかけるさんのところに行って，「一緒にドッジボールやろうよ」と話しかけて，大勢で遊ぶことができました。そうしたらかけるさんもとてもにこにこしてくれて，その日は一日中みんな楽しい気分で過ごせました。

　クラスの中で寂しい思いをしている子がいなくなって，みんなで遊べるとこんなに楽しいんだな，と思いました。そしてだんだんとかけるさんが使う言葉なんて気にならなくなって，毎日たくさん遊ぶようになった，というお話です。
　それでは，今日の学習をおしまいにしましょう。

（仲川美世子）

低学年　📖「ハムスターのあかちゃん」
生命の尊さ

> ## 成長していく大切なあなたへ

子どもたちが自分の成長や周りから大切にされていることを感じることができるように、教師が子どもたちの成長や自身の思いを語ります。

　赤ちゃんのからだに、いろんな力がつまっていることを見つけたね。そして、みなさんもハムスターの赤ちゃんと同じように、赤ちゃんのことを大切に思ってくれている人のなかで、どんどん大きくなってきたね。

　今日は、最後に、まだ短い間だけど、すぐそばにいるみなさんをとても大切だと思っている人からの話を、聞いてください。
　誰だと思いますか？

　それは、私です！

　4月、1年生のみなさんと初めての出会いでした。初めてみなさん一人ひとりの名前を呼んだとき、みなさんは緊張した顔をしながら、一生懸命返事をしてくれましたね。とってもうれしかったな。

　1年生の間にいろいろなことがあったね。

　初めての学校での給食。
　6年生のお姉さんお兄さんに手伝ってもらいながらの給食準備。

今はもう全部自分たちでてきぱきできるね。
　苦手なメニューに戸惑いながらも，ちょっとだけでも食べてみようとがんばっていた人もたくさんいたね。

　ひらがなの勉強。
　ひと文字ずつ，練習したり，言葉あつめをしたり……。鉛筆の持ち方から学習したね。今は，漢字も習うようになりましたね。

　運動会。
　ダンスをがんばったね。みんなでいっぱい練習したね。早く覚えた人が，お友達に教えて，一緒にうれしそうに踊っていた姿が忘れられません。運動会の日のみんなは，きらきらしてとってもすてきでした。

　学習発表会。
　劇をするのに，道具を作ったり，セリフを覚えたり……。みんなで力を合わせてがんばるみなさんの姿に感動したな。

　4月のころの自分と今の自分を比べてみてください。
　いろいろな学習をしたね。そして，靴や洋服のサイズが大きくなった人。背が伸びた人。心が成長したなっていう人…。
　みんなには，「いろんな力がいっぱいつまって」いますね。
　みんな，いっぱいいろんな成長をしたね。みんなと一緒にすごしたり，みんなの成長を見たりできて，私は，とっても幸せです。

（龍神美和）

 「七つぼし」

感動，畏敬の念

「美しい心」を見つけることができる心

　教材での学びを振り返りながら，自分の中にある「美しい心」に目を向けることができるように話をします。

　今日は，「七つぼし」で美しい心についてたくさん考えましたね。
　ひしゃくが，どんどん変わっていくのは，「誰かのために，優しくしたとき」だと発見していましたね。そして，「でも，なかなかそんなことできないね。すごいよね」といって考える中で，「美しい心って，きれいで強い心だと思う」「だから最後にダイヤモンドから星になったんだね」などとたくさん考えを出し合って話し合うことができました。
　夜空の「七つぼし」を見たときに，今日の学習を思い出してくれるとうれしいです。

　さて，今日の，みなさんの学習の様子を見ていて一つ思ったことがあります。聞いてください。
　みなさんは「七つぼし」の中にある美しい心を，みんなでたくさん見つけていっていましたね。
　「水をお母さんのために探しにいく女の子の心」
　「犬に水を飲ませてやる女の子の心」
　「女の子に水を飲ませようとするお母さんの心」
　「旅人に水を飲ませることにする女の子とお母さんの心」
　「美しい心」をどんどん見つけていくみなさんに，びっくりしていました。

友達の見つけた「美しい心」に「ほんとだ！」と言いながら，みんなで「美しい心」を見つけていましたね。

　昔，私がみなさんより少し大きな3年生で，クラスで話し合って学級目標が「えがおいっぱい　ひとにやさしく」に決まったときのこと。担任の先生が，クラスのみんなに，「人に優しくできることは，とっても大切で素敵なことだね。人の優しさがちゃんとわかることも，優しい心のしるしですよ。お友達の優しさもいっぱい見つけていこうね」とおっしゃいました。そのことがずっと忘れられなくて心に残っていました。
　今日のみなさんの姿を見ていて，その言葉が心に浮かんできました。そして，「美しい心を見つけることができるのは，美しい心が心の中にあるしるしだ」。そう思いました。

　「七つぼし」の中にある「美しい心」に気づくことができたのは，みなさんの心の中にも，「美しい心」があるからこそだと思います。
　自分では，なかなか気づくことが難しいかもしれませんが，「七つぼし」に出てくるような美しい心が，みなさんの心の中にもあるのですよ。
　友達の「美しい心」に気づいたり，見つけたりしたときは，ぜひ，私にも教えてくださいね。楽しみにしています。

（龍神美和）

中学年　📖「よわむし太郎」

善悪の判断，自律，自由と責任

> 善いこと，悪いことは，心の中の声を聞いて判断しよう

> 　一見して悪い行動であっても，相手への思いやりなどの気持ちに支えられた行動があることに気づけるよう話をします。

　今日はよわむし太郎のお話でたくさん考えましたね。
「よわむし太郎がいつも子どもたちにからかわれているのに，白い鳥を殿様がうとうとしたら必死で止めようとしたことに感動した」という声がありました。今日考えたことを，もう一度，お家の人とお話してもらえたらうれしいです。

　さて，一つ話をさせてください。
『あのときすきになったよ』という絵本があります。この絵本には，わたしと「しっこさん」が出てきます。教室では，わたしの席ははじっこで，後ろの席に「しっこさん」が座っています。「しっこさん」は，少ししかしゃべらないで，いつも怒ったみたいな顔をしています。

　「しっこさん」は，ときどきわたしのじゃまをしてきます。ブランコに乗るときに，無理矢理わたしのとなりに乗ってきます。とてもきつかったので，2人とも泣き出してしまいます。
　体育の時間では，わたしが転んでけがをすると，「しっこさん」も同じところをけがしていまいます。べーっだと心の中で言ったら，「しっこさん」の目がつりあがりました。

46

そんなわたしと「しっこさん」でしたが，金魚のお墓を一緒に作ったり，一緒に帰ったりするうちにだんだんと仲良くなってきました。また，わたしが熱で学校を休んだときには，お見舞いのお手紙を「しっこさん」からもらうようになりました。

　わたしは，熱が下がって登校することができ，音楽の時間のことです。「手をたたきましょう」の歌を歌っているとき，わたしはおしっこがしたくなりました。もうちょっと，もうちょっととがまんをして歌っていましたが，「足ぶみしましょう」をしたとき，おしっこが出てしまいました。靴下が濡れて，上履きも濡れて，どうしよう，どうしようと思いながら水たまりが広がっていくのを，わたしは動けないで見ていました。

　そのとき，ザーッと後ろで音がして，わたしの水たまりが流されました。振り向くと「しっこさん」が花瓶を逆さにもって，花の中に立っていました。「しっこさん」は先生が怒っても黙っていました。また，廊下に立たされても黙っていました。

　みなさんは，「しっこさん」のこの行動をどう思いますか。花瓶を逆さにして水を流したことを悪いことだと思いますか。良いことと悪いことを判断することが難しいときもあるかもしれませんが，行動するときに大切なのは，どんな心に支えられているかです。これから，生活をする上で，どんな心が自分の中にあるのかをよく聞いて行動することも大切です。

引用文献：薫くみこ作・飯野和好絵『あのときすきになったよ』教育画劇，1998年

（生田　敦）

中学年　　「金色の魚」

節度，節制

過ぎたるはなお及ばざるがごとし

　何事も，度が過ぎることは足りないことと同じでよくないことであることを伝えます。

　今日は金色の魚のお話でいろいろな考えを出し合えましたね。
　金色の魚に次々と注文を出し，最後には「海の女王になって，金色の魚を家来にしたい」というおばあさんの言葉に，「おばあさんは欲が深すぎる！」「大金持ちになっただけでも十分なのに」といった声が多く聞かれました。また一方で，「おじいさんも，もう少し考えた方がよかった」「おばあさんの言うことをそのまま聞くのではなく，ちゃんと注意をしたらよかった」「魚にも伝えなければよかったのに」という声もありました。
　また，みなさんがそんなおじいさんやおばあさんの姿から，自分のこともしっかり振り返っていたことが素晴らしかったです。みなさんにも，それぞれに「やりすぎたな」「言いすぎたな」と，度が過ぎたことを後悔する経験もあったようですね。

　さて，ここで一つことわざを紹介します。それは「過ぎたるはなお及ばざるがごとし」ということわざです。
　この意味は，「物事には程度というものがあり，度が過ぎることは足りないことと同じで，よくないことである」というものです。まさに，今日のおばあさんやおじいさんの姿にあてはまることわざです。

例えば、どんなにおいしい食べ物でも、食べすぎはいけません。お腹を壊すかもしれません。また、他の人への親切でも、やりすぎるとおせっかいになってしまうかもしれません。
　このように、もともとはよいことも、度が過ぎると足りないどころか、やらない方がよかったということになってしまいます。ものごとは、「ちょうどよいくらい」で止めて、我慢することも大事ということです。

　でも、みなさんも自分のことを振り返って、我慢できなかったりやりすぎたりして後悔することもいろいろあったように、「ちょうどよいくらい」というのは難しいことでもあります。
　そんなときは、今日の「金色の魚」のお話や、このことわざ「過ぎたるはなお及ばざるがごとし」を思い出してみてください。そして、「今の自分はどうかな」と自分を見つめてみましょう。そうすることで、そのときどきの「ちょうどいい」に自分で気づき、後悔せずに過ごせるのではないでしょうか。

（福田衣都子）

中学年 📖「目覚まし時計」

節度，節制

> ## 早起きは三文の徳

　基本的な生活習慣を身に付けることのよさを実感し，自分にできることは自分でしようとする意欲を高められるように話をします。

　今日は目覚まし時計のお話でたくさん考えましたね。
　「私も，保健室のよし子さんのようなことがあった。もやもやした気持ちになって一日中楽しくなかった」という声もありましたし，「自分でできることは自分でしようと思った」「弱い心に負けないで，自分で決めたことは続けられるようにしたい」という声もありました。今日考えたことを，もう一度，お家の人とお話してみてください。そして，お家でも，みんなが自分でできることを自分で続けられるとうれしいです。

　さて，一つ話をします。
　「早起きは三文の徳」という言葉を聞いたことがありますか。これは，「朝早く起きれば，少しだけれど，何か良いことがある」という意味です。三文は昔のお金を表していて，今のお金で言うと30円から100円くらいになります。

　早起きをすると良いことがあるという言葉は外国にもあります。
　The early bird catches the worm. 日本語にすると，早起きした鳥が虫を捕まえる，となります。日本でも，外国でも，早起きをすると良いことがあると考えられているのですね。

さて、それでは早起きができるようになると、どんな良いことがあるでしょうか。みんなも早起きをしたときのことを思い出してみましょう。自分で決めた時間にぱっと起きられたときの気持ちを思い出してみましょう。
　（少し時間を取る）私は３つの良いことを見つけました。

　１つ目は、早起きができるようになると、元気いっぱいで、頭もすっきりして、友達と楽しく過ごせるということです。寝不足になると、よし子さんのようにいらいらして、元気がなくなって、友達と楽しく過ごせませんね。

　２つ目は、早起きをするために、弱い心に負けない自分になれるということです。前の晩に見たいテレビがあったり、ゲームをしたくなったりすることもあるでしょう。私もついつい夜更かしをしたくなることがあります。でも、そんな自分の弱い心に負けないで早く寝ることができれば、次の日の朝はとても気持ちよく起きられます。それは、弱い心に負けなかった自分のことが好きになれるからだと思います。

　３つ目は、自分でできることがどんどん増えるということです。早起きだけではありません。いろいろなことを自分でよく考えて行うことができれば、自分でできることがどんどん増えていきます。お家の人にしてもらっていたことも、きっと自分でできるようになっていくはずです。早起きは、その初めの一歩かもしれません。

　早起きは、たった三文の徳だったでしょうか。何だかとてもいいことがいっぱいですね。みんなも、弱い心に負けず、自分でできることを自分でしたときの気持ちよさを、これからも味わってほしいと思います。

（清水顕人）

「心と心のあくしゅ」

親切，思いやり

> それが本当に親切なことか相手の立場に立って考えよう

相手に対して親切な行動をとったと思っても，その人のことを本当に考えないと，親切ではなくなってしまうことについて話をします。

　今日は「心と心のあくしゅ」のお話でたくさん考えましたね。
　「おばあさんに親切にしようとする気持ちは素晴らしく，親切のやり方を変えたところに感動した」という声がありました。今日考えたことを，もう一度，お家の人とお話してもらえたらうれしいです。

　さて，一つ話をさせてください。
　ここには，ぼくとひろしという男の子が出てきます。ぼくは，ひろしと大の仲良しでいつも一緒に遊んでいます。

　ある日のこと，いつものように学校に着くと，ひろしと昨日の宿題の話になりました。ひろしは，昨日はお家の用事で出かけていたため，宿題ができなかったとのことでした。それでは，朝のうちに宿題をやってしまおうということになり，ひろしは早速とりかかりました。

　しかし，算数が苦手なひろしは，なかなか宿題を進めることができません。「えーっと，えーっと」と言ってなかなか答えを出すことができないようです。ぼくは，しばらくひろしの様子を見ていましたが，これでは先生が来るまでに終わらないと思い，だんだんあせってきました。

「ひろし君，大丈夫？」と聞きますが，ひろしはずっと悩んだままです。このままでは，ひろしが先生から叱られてしまいます。ぼくは，がまんできなくなって「ひろし君かして」と言って，算数の問題集を取り上げ，そこにどんどんと答えを書いていきました。問題はむずかしかったですが，10分ぐらいで終わり，何とか朝のうちにひろしの宿題を終わらせることができました。ひろしは，「ありがとう」といってニコッと笑いました。ぼくも，ひろしのためにいいことをしたと思い満足でした。

　その日の昼休み，ひろしは先生から職員室に来るように言われました。その後，ぼくも職員室に呼ばれました。「どうして，ひろし君の宿題を君がやったのか」と先生から聞かれ，「ひろし君が困っていたから」と答えました。先生はあきれた顔で，「何のために宿題を出していると思う？　クラスみんなの算数の力をつけたいからだよ。君が親切と思ったことは，ひろし君のためにはならないことだよ」と話されました。ぼくは，本当の親切の意味がわかっていなかったと思いました。

　親切は，相手の立場に立ってよく考えて行うことが大切ですね。

（生田　敦）

中学年　📖「朝がくると」
感謝

> **詩人まど・みちお**

　相手への感謝だけではなく、これからの自分に対する希望や期待感をもてるようにします。

　今日は、「朝がくると」を読んで、毎日のくらしを支えてくれている人について思いをめぐらせていきました。身近にある普段当たり前に使っているものの一つ一つにそれをつくった人がいることを考えると、なんだか気持ちが温かくなるような気がしてきますね。

　私からは「朝がくると」の詩の作者であるまど・みちおさんのお話をしたいと思います。まど・みちおさんは1909年に山口県で生まれ、詩人として多くの詩や童謡を遺しています。例えば、この歌を聴いたことがありますか（「一年生になったら」の曲を流す）。みなさんもよく知っていますよね。みなさんが一年生のときにも音楽の時間に歌ったことがあるのではないでしょうか。まど・みちおさんの詩や童謡は日本中で愛されています。

　まどさんの童謡の代表作に「ぞうさん」という曲があります。みなさんも聴いたことがありますよね。まどさんはこの歌を、「動物が動物として生かされていることを喜んでいる歌だ」と語っています。歌詞の中に「ぞうさん　ぞうさん　おはながながいのね　そうよ　かあさんも　ながいのよ」とあります。これは、「お鼻が長い」と悪口を言われた子どもの象が、自分だけ人と違っていると悲しむのではなく、まるで褒められたかのように喜んで「大

好きなお母さんもお鼻が長いのよ」と自信をもって答えている姿が表現されているそうです。ここにまどさんの「一人ひとりが違っていて、大切な存在なのだ」という心が表れているように思います。

　まどさんは、人間ばかりでなく大きな動物から小さな動物、草や木や花もそれぞれが大切な存在であるということを数多くの詩や童謡を通して表現していきました。83歳のときには、その考え方と作品が世界で認められ、国際アンデルセン賞作家賞を受賞しました。それからもずっと詩を書き続けて、104歳で生涯を終えました。学校の図書室にも、まどさんの詩集がたくさんありますので、ぜひ手に取ってみてくださいね。

　さて、今日みなさんと読んだ「朝がくると」は、1973年の『まど・みちお少年詩集　まめつぶうた』で発表されました。今から何年前になるのでしょう。当時、みなさんと同じ年だった人がこの「朝がくると」を読んだときに何を思ったのでしょう。きっとみなさんが今日話し合ったように、身の回りにあるものが自分の生活を支えていることに気づいて感謝の気持ちをもったり、「これから自分も何かつくり出せる人になりたい」と、前向きな気持ちになったりしたのではないでしょうか。そして実際、その人たちが大人になって作り出してきたものが、今、みなさんの生活を支えてくれているということになりますね。

　まどさんは、この世界に存在するすべてのものに存在している意味があり、同じだけ大切であることを、作品を通して語りかけています。もちろん、みなさんもその一人です。今はまだ自分にできることはそれほど多くはないかもしれません。ですが、みなさんが、大きくなったときに、一人ひとりが自分ではない誰かを支えることができるようになっていくことでしょう。みなさんのこれからの成長を私もこれから応援していきたいと思っています。

参考サイト：「まど・みちお100の世界」（https://www.mado-michio.com）　　　（小山統成）

「絵はがきと切手」

中学年

友情，信頼

> 自分にとってのよい友達とは

　自分にとってのよい友達とはどんな友達かを考えるよう投げかけ，相手にとって自分自身もそうであることの大切さを伝えます。

　今日は「絵はがきと切手」のお話で，みなさんからいろいろな考えが出されました。
　「正子さんに料金不足のことをちゃんと伝えた方がいいのではないか」という考えも，「お礼だけ言っておいた方がいいのではないか」という考えも，どちらも正子さんからの手紙がうれしかったからこそ悩むところでしたね。また，ひろ子さんのように，友達にとってどちらがいいか迷うことは，みなさんにもあるということもわかりました。

　そんなみなさんに聞きたいのですが，みなさんにもたくさんの友達がいると思いますが，みなさんにとって「自分にとってのよい友達」とは，どんな友達ですか。どんな友達に周りにいてほしいと思いますか。
　（それぞれに心に思い浮かべる時間をとる。発表する時間等があれば発表したり，交流したりする）。

　どんな友達を思い浮かべましたか。きっといろいろな友達を思い浮かべたことでしょう。
　私も考えてみました。例えば，一緒に遊んでくれる友達。いいことがあったときに一緒に喜んでくれる友達。悲しいことや困ったことがあったときに，

そっと近くにいて「大丈夫？」と声をかけてくれる友達。こんな優しい友達に周りにいてほしいと思います。
　でも，優しいばかりではなく，自分がよくないことをしていたり，まちがったことをしたりしているときには，注意をしてくれる友達も周りにいてほしいと思います（ここでは，先生ご自身の「自分にとってのよい友達」を語っていただければと思います）。

　では，どうすればこんな友達が増えるのでしょう。私は，こういう友達にいてほしいと思うばかりではなく，自分自身が次の２つのことを大事にしたいと思っています。
　まず，１つは，優しく接してくれるときも，注意など厳しく接してくれるときも自分自身がそのときの友達の本当の気持ちや思いまで想像するということです。そうすることで友達への感謝の気持ちも深くなるからです。
　２つ目は，さっき「こんな友達がよい友達」といったそんな友達に自分自身がなろうと努力することです。相手に求めるばかりではなく，自分がそうなっていったときに，お互いによい友達になっていくのだと思います（ここでも，先生ご自身の思いを語っていただければと思います）。
　私もこれからもよい友達が増えていくように，この２つのことを大事にしていきたいと思います。みなさんはどうですか。

（福田衣都子）

| 中学年 | 📖「いのりの手」

友情，信頼

> **友達のためなら**

　自分を犠牲にしてまでも，友達のことを思う友情について，本教材の登場人物と関連づけながら話をします。

　今日は「いのりの手」のお話でたくさん考えましたね。
　「ハンスがデューラーのために働き続けたことはすごい」という声もありましたし，「デューラーもハンスのためにいのりの手を描いたことがよかった」という声もありました。今日考えたことを，もう一度，お家の人とお話してもらえたらうれしいです。

　さて，一つ話をさせてください。みなさんも知っている物語「泣いた赤鬼」のお話です。
　ある山に，赤鬼が一人で住んでいました。この赤鬼は，気持ちの優しい鬼で，人間とも仲良く暮らしたいと思っていました。ある日赤鬼は，立て札を作って家の前に立てました。その立て札には，「心の優しい鬼の家です。どなたでもおいで下さい。美味しいお菓子もございます。お茶もわかしてございます」と，丁寧な文字で書かれていました。

　次の日，通りがかった村人は立て札を読み，一度は立ち去ったものの，仲間を連れて立て札の前に戻ってきました。２人は鬼の本当の気持ちを計りかね，相談を始めました。赤鬼は，家の中で聞き耳を立て，２人の話をそっと聞きました。戸口から２人が入ってくるのを待っていたのに，期待に反して

58

2人は入って来ないどころか,「うまくだまして,獲って食うつもりらしいぞ」などと話し始めたものだから,赤鬼はすっかり腹を立ててしまいました。そして,部屋から顔を出し,「誰がだまして食うものか」と大声で叫んだから,村人2人は,どたばたと逃げていってしまいました。悔しくてたまらない赤鬼は,目にいっぱい涙を溜めて,せっかく作った立て札を壊してしまいました。

　そこにひょっこり現れたのは,親友の青鬼でした。事情を聞いた青鬼は,「これから僕がふもとの村へ行き,わざと暴れることにする。そこへ君が来て,僕の頭をぽかぽか殴るんだ。そうすれば,人間達も君のことを信用し,遊びに来てくれるようになるだろう」と言うと,すぐにふもとの村へ行きました。村外れの小さい家に入り込むと,青鬼は暴れながら赤鬼が来るのを待ちました。間もなく赤鬼がやってきて,打ち合わせ通りに青鬼をやっつけました。この様子を見ていた村人達は,口々に赤鬼をほめ,みんなで赤鬼の家に遊びに行きました。それからというもの,赤鬼の家には,毎日村人達が入れ替わり立ち替わりやってきました。赤鬼はうれしくて,毎日ニコニコして暮らしていました。ある晩,ふと青鬼のことが心配になり様子を見に行ってみると,青鬼の家は留守で,戸口に赤鬼への手紙が貼ってあります。手紙には,青鬼がこのまま赤鬼と付き合っていると赤鬼が悪い鬼だと思われるかもしれないので,長い旅に出ると書いてありました。手紙を読んだ赤鬼は,今更ながら青鬼の友情の深さを知り,涙を流したのでした。

　というお話です。ハンスやデューラーの友情と同じところや違うところを比べて考えてみるとおもしろいかもしれません。特に,自分のことよりも友達のことを考えて行動しているのは,ハンスも青鬼も共通する点があると思えますね。みなさんも友達のためにできることがあるか考えてみましょう。

参考文献：浜田廣介作・いもとようこ絵『ないた赤おに』金の星社,2005年

(生田　敦)

中学年 「雨のバスていりゅう所で」
規則の尊重

> **目に見えないきまり**

> 明文化されたきまりやルールでなくとも，みんなが気持ちよく場所を使うためには，配慮が必要であることを話します。

　今日は「雨のバスていりゅう所で」のお話でたくさん考えましたね。
「書かれていないきまりでも，場の雰囲気を読んできまりを守ることが大切だ」という意見には感動しました。今日考えたことを，もう一度，お家の人とお話してもらえたらうれしいです。

　さて，一つ話をさせてください。
　きまりには，廊下を走ってはいけないとか赤信号では横断歩道を渡ってはいけないなど，文に書かれていたり，法律で決まっていたりするきまりがあります。
　一方で，今日学習した「雨のバスていりゅう所で」のように，目に見えないきまりもあります。
　今日「雨のバスていりゅう所で」のように，目に見えないきまりには，どんなものがあるか考えてみてください。

　これは，ある女の子，えみ子が体験したことです。
　えみ子は，お母さんと遊園地に行き，たくさん遊びました。しばらくするとえみ子はトイレに行きたくなったので，お母さんにことわって，トイレに向かいました。トイレの中に入ると，いくつか個室がありますが，たくさん

の人が一列に並んでいました。そして個室のドアの前には，誰も並んでいません。えみ子は，列に並ぶことなく，個室のドアが空いたので，そのドアから入って用を足しました。用を足し終えて個室の外に出ると，まだたくさんの人が一列に並んでいました。えみ子は，どうしてそれぞれの個室の前に並んで，次々に入らないのかと不思議に思いました。

　トイレから戻り，えみ子がお母さんにそのことを話すと，「それは，まずかったわね」と言われました。
　「どうして，まずかったの？　空いている個室のドアからどんどん入ればいいじゃない」とえみ子は言いました。
　すると，お母さんは「みんなが一列に並んでいたのは，フォーク並びと言うのよ。個室のドアの前に並ぶのではなくて，一列に並んで空いた個室に前から順番に入っていく方法なのよ。えみ子はそのことを知らなかったから仕方ないけど，みんなが平等に使うための目に見えないきまりなのよ」と言いました。
　「フォーク並びかあ」
　えみ子は，次からフォーク並びをやってみようと思いました。

　みなさんも目に見えないきまりにはどんなものがあるか見つけてみましょう。

（生田　敦）

中学年 📖 「ブラッドレーのせいきゅう書」

正直，誠実

> 「名もなき家事」ってなんだろう

家族が自分の気づかない仕事をしてくれていることに気づき，自分にもできることを進んで見つけようとする気持ちをもてるようにします。

今日は「ブラッドレーのせいきゅう書」のお話で考えましたね。

お母さんからの請求書を読んだブラッドレーの気持ちを考えることを通して，お家の人がどんな気持ちでみんなのために身の回りのお世話をしてくれているのかについて考えることができましたね。家に帰ったら，お家の人にみなさんはどんな言葉をかけたいでしょうか。

みなさんは「名もなき家事」という言葉を聞いたことがありますか。これは，お仕事で忙しいお家の人が暮らしやすい家を提案した企業の方が考えた言葉です。普段，生活していく中でがんばってやっていることなのにもかかわらず，そのことを家族が気づいてくれていないものがこれにあたります。

「家事」と聞くと，どのようなものが思いつきますか。例えば，「お掃除をする」「夕飯をつくる」「洗濯をする」などですかね。このような家事は，どれも名前がついている家事になります。今回，ブラッドレーがお母さんに請求した「おつかい」や「おそうじ」は，これに当たります。一方で，お母さんがブラッドレーに０円で請求した「病気の看病」は，この「名もなき家事」に当たりそうです。ブラッドレーは，病気のときにお母さんが自分のことを看病してくれることは，当たり前だと思っていました。このように普段

は気づかないけれど、お家の人が当たり前にやってくれていることには、どのようなものがあるでしょう。

　例えば、みなさんが着ている洋服を、クリーニングに出すこともその一つです。トイレットペーパーが切れそうなときに交換するのも「名もなき家事」の一つと言えます。学校から配布されるプリントやお便りをチェックして整理するというのもこれに当たりますね。これら一つ一つには、特別な名前はついていませんが普段の生活を維持していくためにとても大切なお仕事の一つになります。何か習い事をしていたり、ペットを飼っていたりすると、さらにこのような家庭でのお仕事は増えていくことでしょう。

　みなさんは今日の学習の振り返りの中で、「自分もおうちの人の仕事に協力したい」「自分にできることを見つけてやっていきたい」というような前向きな思いをたくさん語ってくれていましたね。きっとお家の人も、みなさんがお手伝いをしてくれると言ったらとても喜ばれるんではないかと思います。
　では、実際にお家で家族のためにお仕事をするときにどのようなことが大切なのでしょうか。私は、この「名もなき家事」に「気づく目」をもつことが大切だと考えています。普段自分の身の回りでお家の人がどのようなことを行ってくれているのか、家族に関心をもって生活することこそが、みなさんがお家でできることを見つける第一歩だと思います。今日、お家に帰ってから明日学校に来るまでの間に、今まで気づかなかった家族が自分のためにしてくれていた「名もなき家事」をいくつ見つけることができたか、ぜひ私に教えてくださいね。そして、その中で自分にもできそうなことがあるようであればチャレンジしてみるとよいと思います。

(小山統成)

| 中学年 | 📖「ヌチヌグスージ」 |

生命の尊さ

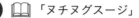

親の子に対する思いが命をつなぐ

　これまで親の子に対する思いがあって，命がつながってきたことを理解できるように話します。

　今日は「ヌチヌグスージ」のお話でたくさん考えましたね。
　「命は先祖代々つながっていて，たった一つしかない自分の命を大切にしなければならない」という意見があり，感動しました。今日考えたことを，もう一度，お家の人とお話ししてもらえたらうれしいです。

　さて，一つ話をさせてください。
　『はなちゃんのみそ汁』という絵本があります。いつも早起きしている小学生のはなちゃんが，朝起きて真っ先に向かうのは台所です。パパと一緒に朝ご飯を作ります。はなちゃんが任されているのは出汁から作るお味噌汁です。なぜ，このようになったのかをお話しましょう。

　はなちゃんのママは病気で死にました。ママのおっぱいにがんができて，はなちゃんが生まれてからずっと病院に行ったりお家にいたりを繰り返していました。はなちゃんが5歳になったとき，ママが突然「これから　朝ごはんは，はなちゃんに作ってもらうからね。最初はお味噌汁を作ってもらうよ」と言いました。はなちゃんはびっくりしましたが，ママは，真面目な顔で包丁の握り方を教えてくれました。

64

ママは味噌汁作りを手伝ってはくれませんでした。
　「お味噌はどれぐらい入れるの？」と聞いても「自分で味を見てごらん。そうしたらわかるから」と言い，ママは怒ったりはしないけど，そばでじっと見ているだけでした。それから毎日毎日，はなちゃんはお味噌汁作りをし，ママははなちゃんの味噌汁を作る様子をじっと見ているだけでした。
　ママが教えてくれたのは，味噌汁作りだけではありませんでした。洗濯物を干したり畳んだり，お掃除や保育園の準備も教えてくれました。

　ママがもう病院には行かないでお家で暮らすようになった頃，はなちゃんはママに元気になってほしくてピアノを聞かせました。横になったママは，はなちゃんのピアノを聞いて「すてきね」と言いました。しかし，はなちゃんがピアノをひいて十日もたたないうちにママは天国に行きました。

　パパは，ママがいなくなってから元気がなくなり，泣くこともありました。そんなとき，はなちゃんはパパを元気にしたくて，パパにお味噌汁を作ってあげました。お味噌汁を作るとパパは笑ってくれました。

　この絵本のお話を聞いて，命がどのようにつながってきたかを考えることができたかと思います。今日の学習をもとに，命のつながりについて，お家の人とお話してみてください。

引用文献：安武信吾・千恵・はな作『はなちゃんのみそ汁』講談社，2015年　　　（生田　敦）

中学年 📖 「ヒキガエルとロバ」
生命の尊さ

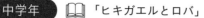
命あるものを大切に

　命あるすべてのものをかけがえのないものとして尊重し，大切にする話をします。

　今日は「ヒキガエルとロバ」のお話で，生命の危機を感じる場所にありながら，自力では何もできないヒキガエルに，残酷な目を向ける子どもたちと，自分も苦しい立場にありながら，ヒキガエルの命をなんとか助けようとするロバの姿から，たくさん考えましたね。
　ロバの行動や，ロバの行動を見て立ち尽くす子どもたちの思いについて，「自分だって大変なのにヒキガエルの命を助けようとしてなんてロバはすごいんだ」「自分たちがしていたことはヒキガエルの命を奪うようなことをしていたんだ」「なんて恥ずかしいことをしてしまったんだ」「小さな動物たちにも命があるんだ」という声もありました。理科の授業における動植物の観察や家で飼っている動植物の世話などから気づいたことなど，もう一度振り返って考えてみましょう。

〈その１〉
　さて，お話をさせてください。
　『わたしのいもうと』という松谷みよ子さんが書いた本があります。
　1987年に発行されて，2015年に59刷となるベストセラーで，私も愛読している本です。内容は，ある日松谷さんに届いた一通の手紙から始まります。
　「わたしのいもうとの話を聞いてください」。いじめにあい，登校を拒否し，

心を閉ざしてしまった妹，最後の「わたしをいじめたひとたちは，もうわたしをわすれてしまったでしょうね」という言葉は，涙なしでは読むことはできません。

　この本のあとがきに松谷さんが書いている文を紹介します。
　「ある時期，わたしもいじめにあっている。その辛さは地獄の底をはうようであった。幼い日の記憶にあれはたしかイソップだったと思うのだが，池のカエルが子どもにさけぶのである。『おねがいだから石を投げないで。あなたたちには遊びでもわたしにはいのちの問題だから』わたしもさけびたかった」
　今日のお話に出てきたヒキガエルも同じようにさけんでいたのかもしれませんね。

〈その2〉
　草野心平さんという明治生まれの福島の詩人がいました。草野さんは，蛙に関する詩で有名です。国語の教科書に「春のうた」が掲載されているのを見た人がいるかもしれません。
　草野さんの作品にこのようなものがあります。「●」これはどんな内容の詩だと思いますか？　実はタイトルは「冬眠」なのです。世界で一番短い詩と呼ばれています。小さくても大切な命，どんなに小さな生き物にも大切な命があることや一生懸命に生きていること，それを私たちももう一度考えて大切にしていきたいですね。

引用参考文献：松谷みよ子作・味戸ケイコ絵『わたしのいもうと』偕成社，1987年

（佐藤郷美）

中学年 📖 「しあわせの王子」

感動，畏敬の念

美しく優しい心

　心の美しさ，気高さに気づき，そうしたものに素直に感動し，あこがれる心を育む話をします。

　今日は「しあわせの王子」のお話でたくさん考えましたね。
「困っている人のために自分がみすぼらしくなっても宝石をあげた」「つばめも最初は仕方なくではあったが町の人や王子が喜んでいるのを見て自分も幸せを感じていた」という声がありました。人のために尽くすことが自分の喜びにつながっていることを，振り返って考えてみてください。

　さて，話をします。
　みなさんはマザー・テレサという人を知っていますか？　マザー・テレサについての伝記を読んだり，テレビなどで聞いたりしたことのある人もいるかもしれません。
　マザー・テレサは，苦しんでいる人や貧しい人々のために尽くすことを決意して，街で行き倒れになっている人を介抱して死にゆく人々の手を握り続けたり，道端で死を待つしかない人々のためにも家を用意したりして社会的弱者の人々に尽くした人です。ノーベル平和賞を受賞し，多くの人々から喜びをもって称賛されました。
　たとえ死を待つのみの人も，人として尊重し，人間の尊厳を大切にするマザー・テレサの生き方には心を動かされますね。普通ならなしえない，なんて気高い行為なのでしょう。でも，それぞれの人の心にも，みなさんの心に

もきっとこのような気高い部分があると私は思います。

　また，マザー・テレサにはこのような名言もあります。「愛の反対は，無関心である」。普通に考えると「愛」の反対は「憎しみ」「憎悪」などと考えるかもしれません。でもマザー・テレサは「無関心」であると言うのです。
　ある人が，マザー・テレサに，「こんな人たちを助けても，大して効果はないのではないのか」と言ったところ，マザー・テレサは，「私は効果や結果を問題にするのではありません。……この世の中の最大の悪は，こういう人たちに無関心で，愛が足りないことです」と言ったそうです。
　この言葉こそが，マザー・テレサの気高い行動の原動力となっていたのではないかと私は思っています。

　実は「しあわせの王子」の原作，オスカー・ワイルドの'The Happy Prince'（1888年初出版）では，ツバメがルビーを届けて戻ったときに王子に「こんなに寒いのに，僕は今とても温かい気持ちがするんです」という場面があります。南国に急ぐ一羽のツバメが，王子の願いを叶えるために南国に帰るのを遅らせ，さらに王子のそばにとどまることを決意します。これも王子の町の人々へに対する気高く美しい行為にツバメが感動し，無関心ではいられない愛を感じたからではないでしょうか。

　みなさん，この後生活していく中で，自分の想像をはるかに超えたものやこと，人に出会い，感動したことがあったら，私に教えてください。

（佐藤郷美）

中学年　📖「花さき山」

感動，畏敬の念

> ### 美しいものは心で感じる

　人の心の優しさや温かさなど気高いものに触れ，素直に感動する心を大切にしようとする気持ちを高められるように話をします。

　今日は「花さき山」のお話でたくさん考えましたね。
「村の人たちの心の中に，たくさんの優しさがあってすごいと思った」「みんなの心の中に，花さき山はあるんだ」という声もありましたし，「私も美しい心を大切にして，もっと花を咲かせたい」という声もありました。今日考えたことを，もう一度，お家の人とお話してみてください。きっとみんなの周りに，花さき山がどんどん広がっていくことでしょう。

　さて，一つ話をさせてください。
　みんなは，ヘレン・ケラーという人を知っていますか。彼女は幼い頃の病気が原因で，目が見えなくなり，耳も聞こえなくなって，話すことも難しくなりました。しかし，サリヴァン先生のもとで学び，努力が実って大学を卒業しました。その後，障害者や女性の権利を守るために世界中で活躍し，人々に勇気と希望を与えました。そのヘレン・ケラーが言った言葉を，みんなに伝えたいと思います。

　「世界中で最も美しいものは，目で見たり手で触れたりすることはできません。それは心で感じるのです」

相手を思う優しい心は，目で見たり手で触れたりすることはできません。ヘレンは目で見ることも耳で聞くこともできませんでしたが，その分，心で感じることが大切だと伝えたかったのだと思います。

　花さき山のお話では，妹のことを思うあやの優しい心や，ふたごの弟のことを思う兄の優しい心がありましたね。2人の優しい心は，目には見えません。触れることもできません。でも，その心の美しさを，感じることはできるのです。

　みんなの周りにも，きっと美しい心がたくさんあると思います。みんなはどんな心を感じることができますか。
　優しくしてもらってうれしかったこと，逆に相手に優しくすることができて自分もうれしくなったこと，何度も挑戦してがんばっている友達を見てすごいなと思ったこと，そんな気持ちになれるのは，みんなが美しい心を感じているからなのです。

　美しい心を感じるたびに，みんなの心の中の花さき山には，一つまた一つときれいな花が咲いています。みんなは，今までにたくさんの花を咲かせてきたと思います。そして，これからも，心の中の花さき山に，たくさんの花を咲かせることでしょう。

　その花は，目で見ることも手で触れることもできません。でも，感じることができる花です。みんなが，「あっ！　今，花さき山で私の花が咲いてるな」と思えるように，毎日を過ごしてくれるとうれしいです。

（清水顕人）

高学年　📖「うばわれた自由」

善悪の判断，自律，自由と責任

> みんなが幸せになる「本当の自由」とは

> 自由の大切さと同時に，一歩間違えると自分勝手な「偽物の自由」となること，みんなが幸せになる「本当の自由」について話します。

　今日は，自分だけに都合のよいようにする「偽物の自由」によって最後は自由を奪われてしまった王子の話から，「本当の自由」について考えましたね。門番は，王子の自由を偽物の"わがまま勝手"と言いました。
　みなさんからも，「本当の自由」とは「他の人の迷惑にならない」「周りの人のことや結果を考える責任が大切」「自己中とは違う」「自分がしたいから，何でも自由にしてよいわけではない」「本当の自由は，他の人を嫌な気持ちや不幸にしない」「本当の自由は条件がある」という意見が出されました。

　実は，多くの辞書で，「自由」には，２つの意味が紹介されています。
　一つは，「自らに由（よ）る」の文字通り，"自分の意のままにふるまうことができる様子"というよい意味，もう一つは"勝手気まま""わがまま"という悪い意味，反対の，２つの場合があるというわけです。「偽物と本物の自由がある」というみなさんの意見の通りです。

　食べ物，遊び，仕事や趣味など，一人ひとりが自分で考えて選ぶ「自由」があるから楽しい毎日です。一人ひとりが自分の思い通りに，好きなこと，興味のあることを選んでがんばるから，世界が便利によくなっていきます。
　「自由」って，とても大事ですね。

けれど，長い歴史の中では，「自由」が許されなかった時代もあります。殿様や武士，農民などの身分が決められていて，自由に仕事も結婚相手も選ぶことができなかった時代などです。みなさんも知っていると思います。

　「自由」は，すべての人にとって，かけがえのない大切なものです。
　ですから，日本国憲法第三章「国民の権利及び義務」にも，第十二条［自由及び権利の保持義務と公共福祉性］という文があります。読みますね。

> 　この憲法が国民に保障する自由及び権利は，国民の不断の努力によつて，これを保持しなければならない。又，国民は，これを濫用してはならないのであつて，常に公共の福祉のためにこれを利用する責任を負ふ。

　意味をわかりやすくすると，日本では人々の大切な自由や権利を保障する。自由や権利を守るために一人ひとりも努力しなければならない，また常に周囲の人々も幸せになるように，自由を利用する責任が一人ひとりにあり，何でも自由というわけではないということです。

　一人ひとりの「自由」とはとても大切です。けれど条件もあるのです。
　その人だけでなくみんなが幸せになる「本当の自由」が実現できるように今日の学びを生かして，これからみんなで考えていきましょう。

（渡邉泰治）

高学年 📖「手品師」

正直，誠実

「約束を守る」ということ

手品師の誠実を「約束」の意味という視点から話をします。

　今日は手品師と男の子との約束について，たくさん考えましたね。ずっと待ち望んでいた大劇場での出演を断って，男の子との約束を守った手品師の姿はみなさんの目にどのように映ったでしょうか。自分が成功することよりも，男の子の前で手品をすることを選んだ手品師の姿からは，自分の損や得を超えて約束を誠実に守ろうとする人間の素敵な面に気づくことができます。一方で，もし手品師が，自分の成功のために大劇場への出演を選んだとしても，自分の夢をかなえようとする行動を誰も責めることはできないでしょう。

　私は，このお話を「約束」の意味，という視点から考えてみたいと思います。

　「約束」とは，人と人との間に未来に実現されるべきことが取り決められることです。お互いが人間として対等に認められていなければ「約束」が取り交わされることはありません。「約束」は当事者がお互いに人間として対等に認め合っていることが前提なのです。そして，「約束」を守るということは，相手を対等な人間として尊重しているという態度の表れでもあるのです。

手品師と男の子との約束は、自分の手品を見て元気になった男の子を明日も喜ばせたいという手品師の正直な気持ちから、すすんで引き受けて交わしたものだったでしょう。「約束」が取り交わされたことで、手品師と男の子との２人の間には温かで対等な人間関係が結ばれたとみることもできます。

　男の子との約束を破るためには、手品師の心の内で、男の子の期待と大劇場への出演の機会を天びんにかけてくらべなければなりません。男の子には何の落ち度もないのに、男の子という一人の人間と大劇場への出演の機会とを、自分の心の中で天びんにかけてくらべようとすることは男の子に対して不誠実だと、手品師は考えたのではないでしょうか。出会いのときはそうだったとしても、手品師は男の子をかわいそうに思ったから約束を守ったのではありません。きっと一人の人間をないがしろにしない、自分自身に恥じない生き方をしたかったのだと思うのです。

　手品師は友人の申し出を断るときに、「ぼくにとっては大切な約束なんだ」と言いました。手品師が大劇場への出演よりも、男の子の前で手品をすることを選んだのは、それが男の子との「約束」だったからにほかなりません。

　お互いのことを認め合い、未来に果たされる「約束」を取り交わすのは「人間」だけです。「約束」が守られることは、「約束」をした人同士の信頼関係が守られることでもあると思うのです。男の子を一人の人間として最後までないがしろにしなかった手品師の姿に、私たちは感動をおぼえるのではないでしょうか。

（中橋和昭）

「流行おくれ」

節度，節制

衣服はその人を表す

衣服をめぐる意味を通して，自分の在り方を考えられるようにします。

　今日は流行の洋服をねだる「まゆみ」さんの姿を通して，普段の自分の生活を整えることの大切さについて考えることができましたね。
　流行の洋服を着てみたいという気持ちは誰にでもある自然な気持ちですが，私たちは度を過ぎてしまわないように気をつけなくてはいけませんね。

　私はこのお話を読んで，流行の衣服を着ることの意味を考えてみました。
　「まゆみ」さんが流行の洋服をほしがった理由は，学級でテレビや雑誌で見たファッションが話題になっていたことと，その洋服を友達の「みどり」さんも含めて，みんなが着ているからでした。みなさんも，友達がみんな流行りの洋服を着ていたら，自分もぜひほしいなと思うのではないでしょうか。

　流行とは，ある一定の範囲の集団や社会で大勢の人がしている行動のまねをすることですが，流行の衣服を着ることには，２つの意味があります。
　一つは，自分が流行の衣服を着ている集団の一員であり，社会に認められているという安心感をもつことができることです。
　もう一つは，流行はある一定の集団や社会の範囲にとどまることが多いので，流行に従う自分の集団と他の集団との境目をはっきりとさせることができるということです。

「まゆみ」さんは，きっと周りの友達ともっと仲良しになりたかったし，自分もその一員であることを認めてもらいたかったのでしょうね。しかし，「まゆみ」さんがその洋服をほしがったのは，みんなが着ているからであって，本当に自分で選んだ洋服とは言えないのではないでしょうか。

　フランスの哲学者で，衣服の流行を研究したロラン・バルトは，「衣服は人間の全人格，全身体にかかわり，人間と身体との関係のすべて，身体と社会との関係のすべてにかかわる」(p.145) と言いました。

　衣服を選ぶということは，私たちのあり様と社会との関係を表しています。誰かのまねをしたとしても，自分でよく考えたとしても，みなさんが選んだ衣服は，いわば，今の自分自身を表しているのです。衣服を選ぶときは，どんな自分でありたいかということもしっかりと考えたいですね。

引用参考文献：ロラン・バルト著，山田登世子編訳『ロラン・バルト　モード論集』ちくま学芸文庫，2011年

（中橋和昭）

「最後のおくり物」

親切，思いやり

利他の心が満ち足りた幸せな生活をつくる

　利他の心は自分自身の心も満たし，周りの人の心も幸せにするということを感じるような話を仏教法話をもとに行います。

　今日の話の中で，「ジョルジュじいさんは，自分の身体を壊してまで，ロベーヌにお金を送り続けてすごい」と思いやりに対して感動した人が多かったですね。

　一方で，「ジョルジュじいさんは，身体に無理をして働き続けることがつらくなかったのだろうか」という疑問も出ました。その疑問から，「自分のことは置いておき，人のために何かをし続けることって，苦しいことなのだろうか」ということについて，みんなで深く話し合うことができました。もっと話したいという人もいると思います。それぐらい人を思いやる心について深く考えられたのはすばらしいことですね。

　人のためと思って何かをしようとする心を「利他」の心と言います。仏教のお話で，こんなお話があります。あるお寺で若い修行僧が老師に尋ねました。「あの世には地獄と極楽があるそうですが，地獄とはどんなところなのですか」すると，老師は答えました。「確かにあの世には地獄もあれば，極楽もある。しかし，地獄と極楽にはそれほど大きな違いはなく，外見上はまったく同じような場所だ。ただ一つ違うのは，そこにいる人の心なのだ」

老師は続けて語ります。「地獄と極楽には同じように大きな釜があり，そこには同じようにおいしそうなうどんがぐつぐつと煮えている。ところが，そのうどんを食べることができるのは，長さが１メートルほどもある長い箸だけ。地獄に住んでいる人は，我先にうどんを食べようと，争って箸を釜につっこんでうどんをつかもうとするが，箸が長すぎてうまく口まで運べない。しまいには他人がつかんだうどんを奪い合ってけんかになり，うどんは飛び散り，誰一人食べることができない。おいしそうなうどんを目の前にしながら，誰もが飢えてやせ衰えていく。それが地獄だ。

　それに対して極楽では，同じ条件でもまったく違う光景が繰り広げられている。誰もが自分の長い箸でうどんをつかむと，釜の向こう側にいる人の口へとうどんを運び，「あなたからお先にどうぞ」と食べさせてあげる。そうやってうどんを食べさせてもらった人も「ありがとう。次はあなたの番です」とお返しにうどんを取ってあげる。だから，極楽では全員がおいしいうどんをおだやかに食べることができ，満ち足りた心になる」というお話です。

　私はこのお話を聞いたときに，人が喜ぶために自分ができることをしていくことで，その人だけでなく自分も周りの人も幸せな気持ちになれるのだなあと思いました。それと同時に，同じ状況・環境でも，人の心次第で極楽にもなるし，地獄にもなるのだとも思いました。みんなが人の幸せを願って自分にできることをしていく「利他」の心を大事にすることで，普段の生活が満ち足りた幸せなものになっていくのだと思います。

（尾崎正美）

高学年 📖 「泣いた赤おに」

友情，信頼

「友」という漢字について

　感覚的に感じていた友達について「友」という漢字を通して，改めて友達のよさを感じられるように話をします。

　今日は「泣いた赤おに」のお話で友達についてたくさんの思いをもつことができましたね。
　最後は赤鬼だけでなく，青鬼の気持ちにも寄り添うことで赤鬼の「なぜ友達だったら去っていったんだ」という声に対して「青鬼の気持ちになって考えたらわかるんじゃないかな」という声もあり，たくさんの見方や考え方を働かせて授業を進めることができました。今日の授業の感想も知りたいのでたくさん書いてくださいね。節分のときにも思い出して，そう言えばこんなお話あったなって今日の授業のことをお家の人に話せたら最高ですね。

　さて，みなさんに一つこんな漢字を紹介します。
　それは今日の授業のテーマにもなった「友」という漢字についてです。この漢字がどのように成り立っているか知っていますか。
　実はこの漢字は，はじめの2画は，自分の「手」を表しています。さて残りの2画は何を表しているでしょうか。何とこれも「手」を表しているのです。要するに，「友」という漢字は絵にするとこんな感じでしょうか（と言いながら手を重ね合わせている絵を提示します）。

このように手と手を取り合って一緒に進む仲間が「友」という漢字の成り立ちだそうです。赤鬼と青鬼も心の中では手と手を重ね合わせて共に進んだ友だと考えることもできそうですね。

　私ももちろん友達はいます。みんなと同じように学校で一緒のクラスになったことがきっかけで今でも連絡を取り合っている人もたくさんいます。この漢字の成り立ちを知ったとき、仕事や住んでいる場所は全然違いますが、こうやって今でも連絡を取り合っている友達がいることがとてもうれしいなって思いました。

　みんながたくさん考えてくれた友達についてもこのように手を取り合って進むことができるとさらに良くなっていくのではないでしょうか。今はクラスが離れてしまった人も同じですね。こうやってどんどん友達を増やしていってほしいと思います。

引用参考文献：鎌田賢二『最高のクラスになる漢字プラクティス』東洋館出版，2022年

（鎌田賢二）

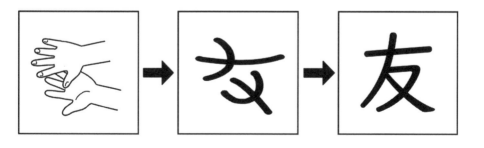

高学年　📖「友のしょうぞう画」

友情，信頼

> ## 本当の友達

 POINT!!

　友達について深く考えたことのない子どもたちに，本当の友達について考え直す契機となるように，話します。

今日は，「友達」とはどんな存在なのかについて考えましたね。

○クラスやクラブが同じ人　　　　○いつも一緒にいる，遊ぶ人
○趣味や好み・気が合う人　　　　○困ったとき，助けてくれる人
○互いの気持ちを考え，助け合える人　○離れていても心が通じる人
○お互いに競争できるライバル　　○本音を言い合える人
○互いのいい所を認め合える人　　○互いの悪い所も忠告できる人
○互いに刺激し合って成長できる人……

「友達」と言っても，みなさんが話し合ったように，いろいろな考え方ができますね。遊び友達のようにいつも一緒に過ごす人の場合もあるし，この物語の2人のように一緒でなくても友達の場合もあります。

　では，「本当の友達」，「本当に大切な友達」と言ったら，どうでしょう。
　クラスやクラブ，遊びがいつも一緒だから「本当の友達」「本当に大切な友達」とは言えませんね。今日の物語の2人のように，離れていても大切な友達同士です。趣味や好みが合う場合もあるけれど，違う場合もあります。サッカーが好きでも，音楽が好きでも，理科が好きでも，社会科が好きでも，

関係ありません。大切なのは，その中身です。

　自分が助けてもらうばかりではなく，お互いの気持ちを考え，助け合えること。離れていても心が通じ合うこと。趣味や好み，夢や目標が違ってもお互いに競争できるライバル。お互いのいい所を認め合えると同時に，悪い所は相手のことを考えて忠告し合える，本音で言い合える人ですね。

　何でも自分の言うことを聞いてくれる。自分がいつも上の成績や立場で安心できる，相手より自分が優位に立てる，今風に言うと「マウントが取れる」。それでは，互いのためにはなりません。本当の友達とは言えません。

　世界的な映画監督でお笑い芸人でもある，ビートたけしさんは，「友達」という詩（『僕は馬鹿になった。』祥伝社，2000年）で，「友達が欲しかったら　困った時助けてやり　相談に乗り　心配してやる事だ　そして相手に何も期待しない事」と書いています。
　「本当の友達」がほしいと思ったら，相手から助けてもらうばかりではなく自分が相手を助ける。そうすれば「本当の友達」になるということです。

　iPS細胞でノーベル賞の医学者・山中伸弥さんがラグビー日本代表選手，監督として活躍した平尾誠二さんとの交友について『友情　平尾誠二と山中伸弥「最後の一年」』（講談社）という本で紹介しています。出会いは40歳を過ぎてから，期間は平尾さんが病気で亡くなるまで６年間ですが，かけがえのない友達同士だったそうです。お２人は仕事も年齢も違い，いつも一緒ではなかったはずですが，きっと心から尊敬し合える本当の友達だったと私も思います。

　今日の学習をきっかけにして，みなさん一生の宝物と思える「本当の友達」について考えていってくれたらうれしいです。

（渡邉泰治）

高学年 📖「ロレンゾの友達」

友情，信頼

> 信頼は自分から信用しないと生まれない

友との信頼関係を築くのは，相手がどうこうではなく，自分が友を信用できるかにかかっているということに気づくように願いを込めます。

　今日は友達を信じることについてみんなでいろいろと考えを出し合いましたね。みんなで話してみて，「友を信じる」ということについて，自分の考えは始めと変わりましたか？　私は「友達を信じるって大事だけど，どんな場合でもずっと信じるというのは，思っていたより難しい」という○○さんの言葉が心に残りました。確かに，人を信じ切るって実際にしようと思うととても難しいことなのだと思います。だからこそ，価値があり，それができる関係になったとき，真の親友となれるのだと思いました。

　最後に，みなさんに紹介したい詩があります。SNSで毎日，心に響く詩を発表している田口久人（たぐちひさと）さんという方がいます。その方の「信用と信頼の違い」という詩です。

「信用と信頼の違い

　一人でもできるのが信用で
　お互いに築き上げるのが信頼
　少しでも疑えば相手にも伝わる
　疑っていても何も始まらない

待っていても何も変わらない
　過去に傷ついたことがあっても
　傷つくのが怖くても
　自分から信用する
　たとえ傷ついても裏切られても
　心を開かないと次はない
　信頼は自分から信用しないと生まれない」

　私はこの詩を読んで，みんなが今日，「ロレンゾの友達」について考えたときに感じたように，人を信頼することの難しさを強く感じました。傷ついても裏切られてもその人を信じ切るということが，自分にできるかどうか，正直，今のところは自信をもてないけれど，この人なら信頼したいと思う人のことは，とことん信じる自分でいたいと思いました。それってすごく難しいことだけど，そうやって誰かを信じ切ることができる自分でいられたら，それはすごくうれしいことだと思います。

　そして，友達にも同じように「信じ切る」と思ってもらえるような自分でいるために，自分自身の生き方にも責任をもっていかないといけないなあと感じました。

（尾崎正美）

引用文献：田口久人『きっと明日はいい日になる』
PHP研究所，2018年

高学年　　📖「すれちがい」

相互理解，寛容

SNSでの捉え違いから

今回のお話だけでなく，いろいろな場面での食い違いや捉え違いを例に相互理解，寛容を生かすことの大切さについて話します。

　今日はすれちがいというお話から広い心で相手の立場を大切にして受け入れるにはどんな思いや考えをもてばよいのかということについて考えました。
　仲良くしていた相手が急に何かすれちがうことが起きたときこそ，今日のことを上手く生かせたらいいですね。

　このお話ではすれちがいからでしたが，それ以外にも人との意見の「食い違い」や「捉え違い」で同じような思いになることがありますね。
　最近ではＳＮＳでの「食い違い」や「捉え違い」トラブルもよく聞きますね。ＳＮＳでのメッセージのやり取りなどは音がないので言葉そのものからしか伝わりません。だから「食い違い」や「捉え違い」が起こりやすいということをまず知っておくことが大事です。しかし，そうはいっても「食い違い」や「捉え違い」が起こったときにそのままにしておくと今回のお話のようにやがて心の距離が離れてしまうことになります。

　Ａ君がＢ君とＳＮＳで遊ぶ約束をしようとしたメッセージのやりとりの紹介をします。金曜日に学校で土曜日の午後から遊ぶ約束をしていたのですが場所が決まっていなかったので，夜に連絡をしました。ただ土曜日は雨予報です。２人の家は歩いて30分以上かかり結構離れています。

（板書かスクリーンにうつしながら）
　A「今度の土曜日Ｂ君の家に行っていいかな」
　B「家まで　何でくるん」
　A「やっぱり明日いいよ　もう行かないし」
　その後２人の思いは
　A（学校で遊ぶ約束したのに雨やったら家になるかもしれないのに「何でくるん」ってひどすぎる。もう遊ぶ約束なんてしないでおこう）。
　B（せっかく雨ならお父さんがＡ君のところまで車で迎えに行ってくれるって言ってくれたから「何でくるのか」聞いたのに急に「行かないし」って意味がわからない）。
となってしまい，これがきっかけで２人は遊ばなくなりました。

　なぜこんなすれちがいが起こったのか意味がわかりますか。言葉の「捉え違い」から起こったんですね。仲良しだったのにこのままずっと何も話さずに離れてしまうことってもったいないです。このとき今日のお話を生かすならばどうしたらよかったのでしょうか。相手のことを広い心で理解しようという思いがあったのであれば少しのコミュニケーションですんだかもしれませんね。

　一緒だと思っていたのに急に「あれ違うかな」となったときにはこの話も思い出して人とのよりよい関係を築いていってくださいね。

（鎌田賢二）

高学年 　📖 「ブランコ乗りとピエロ」

相互理解，寛容

憎しみを越える愛

　広い心で自分たちの住む日本も救われたことがあるという歴史上の事実を知らせることで，実感を伴った価値の理解へつなげます。

　今日は，「ブランコ乗りとピエロ」のお話でたくさん考えましたね。
　ブランコ乗りは確かに自分勝手でした。でもピエロは，彼の努力を認めた上で，自分だけという気持ちをお互い捨てようと広い心で提案したのです。
　この物語は作り話ですが，長い歴史の中では，日本も，広い心で世界の国から助けてもらったことがあります。最後に，そのお話を紹介します。

　1945年，日本は原爆を落とされ，第二次世界大戦で敗れました。多くの人の尊い命を失い無条件降伏をしました。6年後の1951年，アメリカのサンフランシスコで，戦った連合国と日本の間で平和条約を結ぶ会議が開かれました。日本以外に連合国48の国が参加，日本は吉田茂首相が参加した会議で，日本はアジアでの戦争を引き起こした国だとされました。勝った連合国側からは，莫大な賠償金を求める案や分割して占領する案も出され，日本は責任を追及され，危機に陥っていました。
　そんな中，スリランカ代表のジャヤワルダナさんが，次のような演説で日本を救いました。英語での演説を，要約します。

　「われわれは，幸い侵略を受けませんでしたが，空襲などで受けた損害は，賠償金を要求する資格があります。けれど，わが国はそうしようとは思いま

せん。なぜなら，われわれは仏教の神様・お釈迦様の言葉，『憎しみによって憎しみは越えられず，ただ愛（相手への思いやり）によって越えられる』を信じていますから。この教えはアジアの数えきれない程の人々を幸せにしました。遠くインドから日本に伝えられた教えは，今も日本に残っています。私は，それをこの会議の前に訪問した日本の人達の姿に見つけました。

　我々は，（日本への憎しみを憎しみで越えるのではなく，日本への愛や思いやりで越え）日本の人々にチャンスを与えなければいけません」

　演説で会議の方向が大きく変わり，多くの国が講和条約に署名，日本は独立を回復しました。当時若く，財務大臣だったジャヤワルダナさんは，後にスリランカの初代大統領となりました。亡くなる前の遺言でジャヤワルダナさんの目の角膜は日本の目の悪い患者さんに寄付されました。私は，日本もかつて広い心で救われたのだと思います。

　さて，話を現在の日本や世界に戻します。「SDGs」という17の目標があることをみなさんも知っていますね。「貧困や飢餓をなくす」「男女や国などの不平等をなくす」「平和」など，この目標の多くの支えとなるのが，自分とは違う考えや見た目，習慣の人々や生き物への理解や広い心だと，私は思います。憎しみや偏見を捨てて許すこと，自分と違う相手を理解しようとすることが，大切なのではないでしょうか。

参考文献：野口芳宣『敗戦後の日本を慈悲と勇気で支えた人　スリランカのジャヤワルダナ大統領』銀の鈴社，2017年

（渡邊泰治）

高徳院にある鎌倉大仏

近くにあるジャヤワルダナ大統領の祈念碑と碑文

高学年 📖「銀のしょく台」

相互理解，寛容

> 憎しみを横に置いて「アハメドくんのいのちのリレー」

人を許すことの難しさと，その価値について現実世界の課題を基に考えることを促しながら，寛容の心について理解を深めます。

今日，みんなと考えているときに，人を許す心のすばらしさや大切さ，そして難しさについて，こんな話を思い出しました。詳しい内容は，『アハメドくんのいのちのリレー』（鎌田實著，集英社，2011年）という本にありますが，これは医師の鎌田實さんが，パレスチナ自治区で実際にあった出来事を絵本にしたものです（絵本を見せる）。

みなさんは，2000年以上もの間続いているアラブ人とユダヤ人が対立している「パレスチナ問題」を知っていますか。今もパレスチナ自治区とイスラエルの間で戦闘が続いています。迫害を受け続けてきたユダヤの人々が1948年に自分たちの国イスラエルをパレスチナの地に建国しました。しかし，そのとき，そこに住んでいた70万人以上のパレスチナ人は，住んでいた家を失い，難民となってしまいました。今では，世界の難民の5人に1人がパレスチナ人だとも言われています。

このお話は，息子の12歳のアハメド君を敵のイスラエル軍に銃撃されてしまったお父さんの話です。銃撃されたアハメド君は，お父さんの祈りも虚しく残念ながら脳死となってしまいました。脳死となったアハメド君を前に，医師はお父さんに病気で苦しんでいる子どもたちへのアハメド君の臓器移植

を提案しました。

　臓器移植は，移植する相手を選ぶことはできません。相手がイスラエル人かもしれないのです。息子を殺したイスラエル人を助けるために，息子の臓器を提供なんてできるのでしょうか。みなさんがアハメド君のお父さんだったらどうですか？　できますか？

　アハメド君のお父さんは，迷ったけどアハメド君の臓器を全て提供することを承諾しました。どんなにつらかったか，苦しかったか。でもお父さんは憎しみを横に置いたのです。お父さんがなぜ，臓器移植を受け入れることができたのか，その理由は，お父さんにしかわかりません。しかし，私はこれもひとつの，人を許す心なのかもしれないと思いました。憎しみを横に置いて，人を許すことは，想像しただけでもとても難しいことだと思います。みなさんは，このお父さんは，なぜ憎しみを横に置くことができたのだと思いますか？　少し，隣の人と話し合ってみましょう。

　もしかすると，お父さんは憎しみよりも大事な何かを選んだのかもしれません。私はそう思いました。お父さんの場合は，憎しみよりもみんなの平和を選んだのかもしれません。憎しみより大事な何かが何なのか，それが見つかれば，広い心で人に接することができるのかもしれません。アハメド君のお父さんの生き方から，私はそんなことを感じました。

（尾崎正美）

高学年 📖 「ペルーは泣いている」

国際理解，国際親善

> 子どもたちの未来は，世界に開かれている

過去の話，有名な一部の人の話だけでなく，現在と未来は，子どもたちみんなに世界が広がっていることを話します。

今日は，ペルーで活躍したバレーボールの監督について学びましたね。

現在は，人や情報など，様々なものが国や地域を超えて世界規模で結びつき一体化が進むグローバル化の時代と言われています。みなさんが，大人になる頃はさらに世界が身近となっていることと思います。

さて，ペルーには日本人の名前が付けられた学校が他にもあります。「野口英世学園」です。1876年，今から約150年程前に生まれた野口博士は，1歳半のときに左手に大やけどをしますが，家族や恩師・友人達に支えられて困難を克服します。左手の手術で医学の素晴らしさを実感，自らも医学を志し，病気を起こす病原体の研究で，世界中の人々を助けました。黄熱病の研究中に感染し51才でなくなりましたが，その功績からノーベル賞の候補にも挙げられ，世界の人から感謝され，彼の名前が付いた施設や道路，銅像などの記念碑があります。活動の中心にしていたロックフェラー研究所があるニューヨークにある彼の墓の石には「科学への献身を通じ，人類のために生き，亡くなった」と記されています。

医学の道で世界の人々を救った人としては，ノーベル賞の大村智教授も有名です。大村さんは静岡県のゴルフ場の土から発見した微生物を使って，製薬会社と協力してイベルメクチンという薬を作りました。この薬は，人間や

動物に寄生するダニやウジ，線虫類などの寄生虫を退治する大きな効果があります。人間に対する薬としては，重症の場合に失明することもある寄生虫病のオンコセルカ症などの特効薬として，4億人が服用しているそうです。

ヒマラヤの小国，ブータンという国で活躍した西岡京治さんという方もいます。西岡さんは，28年間，努力を重ねて農業指導を行い，ブータンの農産物生産力を大きく向上，若いリーダーの育成に成功しました。ブータンを愛し，ブータンのために生きた西岡さんは，「最高に優れた人」という意味のある「ダショー」というブータンで最高の称号を受けました。急病で59歳でなくなった西岡さんの葬式は，国をあげて行われ全土から5000人が集まったそうです。

日本人は誠実な人が多く，世界の人々から信頼されています。有名な人だけでなく，青年からシニアまで多くの人達が世界中で活躍しています。

1965年にスタートした青年海外協力隊では，「開発途上国の人々のために自分のもっている技術や知識・経験を生かしたい」という人を募集して海外に派遣，これまで4万人以上協力隊を93カ国に派遣しています。

農林水産業，自動車や食品工業，コンピュータ技術，教育，スポーツなど，自分の特技を生かして，多くの人達が，世界の人達と協力しながら活躍しています。みなさんの未来は，世界へ開かれています。

参考文献：関山英夫『学習まんが人物館　野口英世』小学館，1996年

（渡邉泰治）

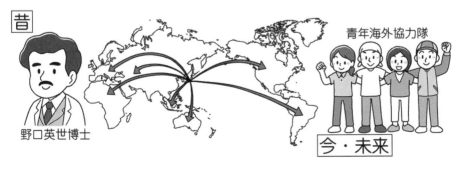

高学年 　📖「一ふみ十年」

自然愛護

一人ひとりが自然を守るために

人間が壊した自然環境を人間の手で守ろうとする行動を，自分自身がとっていくことの大切さに気づくことができるように話します。

　今日は「一ふみ十年」のお話を通して，私たち人間が自然を壊しているということに気づき，だからこそ自然環境を守っていくことの大切さについてみんなで話し合いましたね。これまでは，人間が便利な生活を求めれば求めるほど，自然を壊してきたのかもしれません。それに危機感をもって，今日のお話の「チングルマ」を守っていた人たちのように，人間の手で自然を守っていこうとする動きが出てくるようになりました。

　でも，立山の松井さんのように，貴重な自然を保護する運動をしたり，いつもそばにいて，「守りましょう」と声を掛けたりすることは，誰にでもできることではないかもしれません。じゃあ，私たちは何もしなくてもいいのでしょうか。ずっと，自分の便利な生活のために，知らず知らずのうちに自然を壊し続けていてもいいのでしょうか。そうではないですね。私たちにもできることって必ずあります。大事なのは自分にできることを考えて，一人ひとりが実行することではないでしょうか。

　みなさんは，これらのマークを知っていますか（FSCマーク，MSC認証マーク，リーピングバニーのマークを見せる）。見たことある人はいますか。FSCマークは森を守るためのマークです。今，世界では2.2秒にサッカー

場１面分の森林が失われていると言います。ひどいことです。森林がなくなるということは、そこに住む動物や植物の生態系にも影響を与えます。FSCマークは、森林の生物を守り、地域社会や先住民族、労働者の権利を守りながら適切に生産された製品に付けられているマークです。

　MSCマークは水産資源を守るためのマークです。今、世界中で過剰漁獲が問題になっています。魚などの水産資源をとりすぎて無駄にしているということです。漁獲量全体の３分の１以上がとりすぎて無駄になっているそうです。また、過剰漁獲に加えて気候変動の影響もあり、海の生態系がおかしくなってきてもいるそうです。MSCマークは、この先もずっと水産資源を持続していけるための要求を満たしているものに付けられています。

　リーピングバニーのマークは、開発過程で動物実験を行っていない日用品や化粧品などに付けられています。実は、これまで人間は、人間が使う日用品や化粧品の安全性を確かめるために、たくさんの動物に残虐な実験をしてきました。しかし、人間と動物は体の構造や機能が異なるため、薬物に対する反応は同じとは限らないことがわかり、動物実験をすることが非難されるようになってきました。このリーピングバニーのマークは、あらゆる場面で動物実験を行っていないと認定された製品に付けられるマークです。

　これらのマークを知って、私も自分の家のものにマークがついているか探してみました。しかし、思ったほど数がなく、ようやく２つ見つけられたときはうれしかったです。自分の行動が、自然を守ることにつながっていると思うと、うれしいのだなあと思いました。

参考サイト：「Forest Stewardship Council」（https://jp.fsc.org/jp-ja）

（尾崎正美）

高学年　📖「青の洞門」

感動，畏敬の念

> 永遠に語り継がれる生き方

> 高学年の子どもたちの心には綺麗事やフィクションは届きにくいです。ノンフィクションの事実を提示し，人間の心の美しさに気づかせます。

　今日は，「青の洞門」というお話で人間の美しい心について学びました。
　原作は今から100年以上前に書かれた物語『恩讐の彼方に』です。仇討ちは作者・菊池寛の創作ですし，およそ300年も前の江戸時代の話ですから登場人物の会話も確かではありませんが，その他の部分は，実話をもとに作られています。旅の僧が，鎖渡しで人馬が命を落とすのを見て寄付を募り，雇った石工たちと一緒に掘ったそうです。のみと槌だけの手掘りで，実際は30年以上もかかって，342mもの洞門を完成させたということです。
　明治時代に大改修が行われましたが，一部に明かり採り窓などの手掘り部分が現在も残っています。「青の洞門」でWEB検索できます。
　見ず知らずの村人たちのために21年もかけて洞門を彫り続けたなんて，すぐには信じられませんが，事実です。

　「人の心の中には悪魔がすんでいる」と言いますが，逆に，神様のような，絶望している人達に希望を与える，永遠に語り継がれる，そんなすばらしい人たちも少なくありません。そんな人たちを紹介しましょう。

　まず，コルベ神父という人です。第二次世界大戦中，1939年8月末，ポーランドはドイツに攻め込まれて敗れ，占領されてしまいました。悪名高いヒ

トラーは，自分が憎むユダヤ人や自分に従わない人々をアウシュビッツという収容所に入れました。ドイツ軍の命令に従わない神父も入れられてしまいます。人々が次々とガス室で殺されていく地獄のような収容所でも，神父は人々をなぐさめ，励まし続けました。

　けれど，ある日，収容所から脱走者が出ると，腹を立てた収容所の所長は全員を広場に集め名簿を見て適当に指名し，順に撃ち殺すことにしました。その中の一人の若者が，「故郷には妻や子どもがまっている。死にたくない」と叫んだとき，神父は，身代わりとなることを申し出ました。

　47年間の神父の命は消えましたが，人々の心には，神父が最期まで人々のために生き死んでいった姿が希望になったのではないでしょうか。

　日本にも，すばらしい人達はいました。2011年3月11日東日本大震災で南三陸町防災対策庁舎屋上で円陣を組んだ人達です。直前まで住民の避難誘導をした役場の人達でした。女性，高齢者，若い職員たちを内側に入れての円陣でした。一番外側の人達も，自らも生きるか死ぬかのとき，弱い人達の命を最優先にした，人間としての尊い心をもった方々でした。予想をはるかに超えた15mの津波。53人中，生き残ったのはわずか11人という悲しい出来事でしたが，その尊い姿は，多くの人達の心に残っています。

　神様のような，永遠に語り継がれる生き方をした人達はまだまだいます。みなさんもぜひ，調べてみてください。

参考文献：山村武彦『南三陸町 屋上の円陣―防災対策庁舎からの無言の教訓』ぎょうせい，2017年

（渡邉泰治）

2章

内容項目別・説話大全

高学年

善悪の判断，自律，自由と責任

是々非々とはどんなこと

　良いことと悪いことを適切に判断して，自分の生き方につなげられるよう話をします。

　是々非々とは，「ぜぜひひ」と読みます。自分の立場や置かれた状況にかかわらず，「良いことは良い」「悪いことは悪い」と判断することです。是々非々の「是」は道理にかなって正しいという意味があり，「非」は正しくないという意味です。是々非々とは，紀元前3世紀ごろの戦国時代の中国の思想家，荀子（じゅんし）の言葉が語源です。荀子は「是を是とし，非を非とすることを智とする」という言葉を残し，公平な立場でのぞむことが賢いと説いています。この言葉が元になり，是々非々の四字熟語が生まれました。

　みなさんは，「良いことは良い」「悪いことは悪い」と判断することができているでしょうか。このような判断をするためには，物事を確かに見るレンズが必要です。汚れや曇りのあるレンズでは，物事を公平な立場でしっかりと見ることは難しくなってしまいます。
　みなさんには，是々非々で物事を判断できるレンズを磨いていってほしいと思っています。

参考サイト：「実用日本語表現辞典」(https://www.weblio.jp)

（生田　敦）

中学年

善悪の判断，自律，自由と責任

> 「みんながしているから」より「心にブレーキを」

　周囲に流されることなく，自分の判断で自分の正しいと思う行為をできるように話をします。

　「みんながしているから」という言葉を聞くことがあります。「どうして，石を投げたの？」「みんなが投げていたから」「どうして，○○ちゃんに嫌な言葉を言ったの？」「みんなが言っていたから」などです。「みんながしているから」が必ずしも問題となるわけではありませんが，悪いと考えられるようなことを周囲に流されてしてしまうことはいいとは言えません。

　では，どうすればいいのでしょうか。それは，いろいろな場面に出会ったときに，「心にブレーキ」をかけることです。周りがどんなことをしているかをよく見て，悪いと思ったことは，自分はやらないというブレーキをかけることが大切です。

　周りの人と違う行動をすることは勇気がいることかもしれませんが，悪いと思ったことを続けるよりもずっと立派なことです。心にブレーキをかけられるようにしましょう。また，みんながやっていないことでも，良いと思うことを進んで行えることは素晴らしいことです。あわせてがんばってみましょう。

（生田　敦）

高学年

善悪の判断，自律，自由と責任

自由とわがままの境界線

 POINT!!

　自由は，自分が好き勝手をすることではなく，周りのことを考えて行動しなければ，わがままになってしまうことを話します。

　１万円札に描かれていた福沢諭吉という人を知っていますか。その福沢諭吉の書いた『学問のすゝめ』には，「自由と我儘との界は，他の人の妨げをなすとなさざるとの間にあり」という言葉があります。これは，「自由とわがままの境界線は，他人の迷惑になるとならないの間にある」という意味です。友達とともによりよい学校生活を送るためには，自分でしたいと思うことは，当然友達もやろうとしており，お互いに自分のしたいことを押し通せば，自分だけに都合のよいわがままになってしまいます。ですから自由とわがままは，友達や周りの人に迷惑がかかるか，かからないかの境で分かれるということです。自由である時間には，他の人に迷惑がかかるかどうかで考えてみましょう。

　また，自由に振る舞うためには，それに対する責任があることも忘れないでください。

(生田　敦)

> 低学年

正直，誠実

心の綱引き

 POINT!!

嘘やごまかしをしないで明るい心で楽しく生活しようとする気持ちを高められるように話をします。

　みんなは「心の綱引き」を知っていますか。綱引きというのは，1本のロープを2つのチームで引き合って，より引っ張った方が勝ちという競技です。では，「心の綱引き」では，誰と誰が引き合うのでしょうか。

　みんなの心の中には，「嘘をついてごまかしたい」「失敗を隠したい」という「弱い心」と，「ごまかしたくない」「正直でいたい」という「強い心」がいます。もちろん，私の心の中にもみんなと同じように2つの心がいます。そして，間違ったり失敗したりしたとき，この2つの心が綱引きを始めます。そんなときには，「強い心」が勝てるように，応援してあげてください。例えば，いけないことをしてしまったときには素直に謝る。そうすると，強い心が綱引きに勝って，心がすっきりするはずです。「弱い心」に勝てた自分を，しっかりほめてあげてくださいね。

（清水顕人）

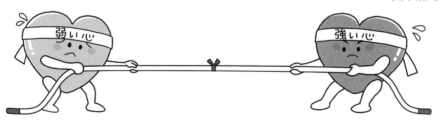

中学年

正直，誠実

正直の頭に神宿る

相手への思いやりではなく，自分自身の生き方への誠実さにつなげて話をします。

「正直の頭に神宿る」ということわざがあります。この意味は，正直な人には必ず神様の助けがあり，守ってくれるということです。

間違いや失敗は誰にでもあります。でも，人はついつい嘘を言ったりごまかしたりしてしまうことがあります。それはなぜでしょうか。間違いや失敗を誰かに笑われたり，責められたりしたくないという気持ちがあるからかもしれません。私も，そういう気持ちに負けそうになることがあります。しかし，それでは間違いや失敗が解決することはありませんね。それどころか，嘘を言ってごまかすような人のことを，周りの人たちは信じてくれるでしょうか。

正直な人を助けてくれるのは神様だけではありません。周りの友達や先生方も，嘘を言ったりごまかしたりしない正直なあなたのことが大好きだし，きっとあなたのことを助けてくれるに違いありません。そして，あなた自身も，正直である自分のことを好きになれるでしょう。

人は，正直だからこそ，明るい心でのびのびと生活できます。みんなも明るい心で元気よく，毎日を過ごしてほしいと思います。

（清水顕人）

高学年

正直, 誠実

誠実であるためにここにいる

　自分に対する誠実さが子ども自身の内面を満たし, 誠実に生きていこうとする思いが高まるように話をします。

　「私たちは成功するためにここにいるのではありません。誠実であるためにここにいるのです」。これは, 人生の本当の目的や価値について語ったマザー・テレサの言葉です。

　富や名声を得る, つまりお金を稼いだり有名になったりするというのは, 周りの人からの評価によるものですし, そのときそのときで変わります。しかし誠実さは, みんなの心の中にずっとあり続けるものです。人に対して正直であることや困っている人を助けることは, その人との信頼関係を築きます。また, 自分自身に正直であることは, 他の人がどう思うかを心配し過ぎることなく考えを伝えたり, 自分らしく行動したりして, 明るい心で生活することにつながります。

　成功を追い求めること自体が悪いわけではありません。ただ, 成功することだけが人生の最終目標だと考えるのではなく, 誠実な人間であることこそが最も価値のある目標だと, マザー・テレサは伝えたかったのではないかと思います。みんなの心の中にある誠実さを, これからも大切にしていってほしいと願っています。

（清水顕人）

低学年

節度，節制

「よくばりな犬」の話

イソップ寓話集の「よくばりな犬」の話から，欲張りすぎたり，わがままを通したりしても，何も残らず，結局は損をするという話をします。

みなさんは，「よくばりな犬」というイソップ物語を知っていますか。

ある犬が肉をくわえて，橋を渡っていました。ふと下を見ると，川の中にも肉をくわえた犬がいます。それを見て「あいつの肉の方が大きそうだ」と犬はその肉がほしくなり「あいつを脅かして，あの肉をとってやろう」と川の中の犬に向かって，思いっきり吠えました。そのとたん，くわえていた肉は，ポチャンと川の中に落ちて流されてしまいました。

川の中の犬は，水面に写った自分の姿だったのです。

同じものなのに，人が持っているものの方がよく見えてほしがったり，欲張ったり，また，わがままを言ったりしても，結局は自分が損をしてしまい何も残らないというお話でした。

（三ッ木純子）

中学年

節度，節制

早寝早起き病知らず

ことわざを紹介し，基本的な生活習慣の大切さが昔から言われていることを知り，自身の生活リズムを見直すきっかけにする話をします。

　今日は，ことわざを紹介します。ことわざは，昔の人の生活の知恵のようなものです。聞いたことがあるかもしれません。

早寝早起き病知らず（はやね　はやおき　やまいしらず）
　みなさんが元気でいるためには，規則正しい生活が大切です。早寝早起きの毎日を過ごしていれば，健康で病気などしない，というのです。
　夜遅くまで起きていて，朝起きられなかったり，朝寝坊をして遅刻しそうになったりしたことはありませんか。寝不足で調子が悪くなって，保健室に行ったり，早退したりした経験がある人もいるかもしれません。
　他にも，「早起きは三文の徳」「夜なべは十両の損」ということわざもあります。また，「早起き三両，倹約五両」というのもありますよ。
　これは，「早起きと同じように節約も大切」という意味のことわざです。早起きと節約は，どちらも利益があるということです。

　ことわざを知り，活かすことは，昔の人の知恵を借りることでもあるのです。多くの人の成功や失敗から学び，自分の生活に役立てましょう。早速，早寝早起きから始めてみましょう。

（三ッ木純子）

高学年

節度，節制

大谷翔平の言葉

基本的な生活習慣は，心身の健康を維持増進し，活力ある生活を支えるものであることへの理解と自身の生活習慣を見直す機会とします。

「可能な限り，長時間寝ます。できることはそれだけなので」
「健康ならば，やりたいことをやり切れる」

　これは，日本人メジャーリーガーとして活躍する大谷翔平選手の言葉です。小学校には「野球しようぜ！」と贈られたグローブもありますね。
　子どものころから大谷選手は「寝ることが得意」と言うほど，よく寝ていたと言います。中学時代も野球の練習がない日は，夜9時には布団に入り朝まで起きることはありませんでした。リトルリーグ時代の合宿でも，他の子どもたちが騒ぐのを気にも留めず，夜9時に寝る習慣を守っていたと言います。今でも，「睡眠時間は基本的に10時間。最低でも8時間はとる。いつ寝るかの準備を数日前から計画的に行う」と自ら「睡眠欲がすごい」と語っているように，十分な睡眠にはとても気を遣っています。また，ほとんど外食はせず，健康にいい食事を心がけてもいます。
　超一流の結果を出すためには，体調管理が重要なのだということがわかります。そして，この言葉があるのですね。

参考文献：桑原晃弥『圧倒的な力で世界を切り開く　大谷翔平80の言葉』リベラル社，2024年

（三ッ木純子）

低学年

個性の伸長

自分のよいところ

個性の伸長を図るために，自分の特徴に気づくことにつなげて話をします。

　今日はそれぞれのよいところに気づいて，よいところを大切にするお話を考えました。
　金子みすゞさんの「私と小鳥と鈴と」という詩があります。

　私が両手をひろげても，お空はちっとも飛べないが，
　飛べる小鳥は私のように，地面（じべた）を速くは走れない。

　私がからだをゆすっても，きれいな音は出ないけど，
　あの鳴る鈴は私のように，たくさんな唄は知らないよ。

　鈴と，小鳥と，それから私，みんなちがって，みんないい。

　「みんなちがって，みんないい」。印象的なことばですね。世の中にまったく同じ人は，一人もいません。みんなそれぞれ，ほかの人とはどこか違ったところをもっています。自分の中にある，ほかの人とは違ったところ，それを個性と言います。そして，一人ひとりの個性にはそれぞれのよさがあるのですよ。みなさん，自分のよさを見つけてくださいね。

（佐藤郷美）

> 中学年

個性の伸長

自分のよいところを伸ばす

個性の伸長を図るために、自分の特徴に気づき、よいところを伸ばすことにつなげて話をします。

　今日は自分の特徴に気づいて、よいところを伸ばしていくお話について考えました。
　この学級にはたくさんの友達、仲間がいます。それぞれ一人ひとりが違った存在ですが、学校生活を送る中で、友達と関わり、それぞれの違いに気づき、互いに認め合いながら、自分のよさを発見して、よいところをのばしていこうとする姿勢がこれからとても大切です。
　明日から、帰りの会で「友達のよいところ探し」を行って、みんなのよいところをお互いにたくさん見つけていきましょう。
　私もみなさんそれぞれのよさをどんどん伸ばしてどう成長していくのか、とても楽しみにしています。

（佐藤郷美）

高学年

個性の伸長

自分をみがいて

個性の伸長を図るために，自分の特徴を知って，短所を改め，長所を伸ばすことにつなげて話をします。

　今日は，自分の特徴を知って，悪いところを改め，よいところを積極的に伸ばしていこうということを考えました。

　みなさんは，「ヘレン・ケラー」という人物を知っていますか？　アメリカの女性で，1968年に亡くなっていますが，「見えない，聞こえない，話せない」という三重苦の障害を背負いながらも，サリヴァン先生による教育と自己の努力によって克服した人で，このように話しています。「自分の弱点をしっかり見つめてその姿を知っておきましょう。でも弱点に支配されてはだめです」。

　人はそれぞれに長所もあれば短所もあります。短所ばかりを見てネガティブになることは残念なことです。むしろ，その弱点を率直に認めた上で，少しでもそれを改善し，また別の長所を伸ばそうとすることで，自分の特徴を多面的に捉えられるようになり，人は成長していくのです。

　小学校高学年のみなさん，これからも自分を見つめながら，ぐんぐん成長して○○小学校を支えながら，これからの中学校生活に向かう自分をしっかりと大きくつくりあげていってください。

（佐藤郷美）

高学年

真理の探究

好奇心はいつだって新しい道を教えてくれる

日常の中の小さな好奇心を大切にすることで，新しい道が開けたり，夢の実現につながったりすることを意識できるようにします。

みなさんは，ミッキーマウスを生み出したり，ディズニーランドをつくったりした人を知っていますか？

そうですね。ウォルト・ディズニーさんです。

「好奇心はいつだって新しい道を教えてくれる」というディズニーさんの言葉があります。

絵を描くことが好きで，絵を学び続けたディズニーさんは，ミッキーマウスを生み出しただけでなく，世界初の音の入った白黒アニメ映画を制作したり，次は，その当時難しいと言われていたフルカラーの長編アニメにも挑戦したりしました。みなさんはディズニーのアニメ映画で知っている作品がありますか？ …たくさんありますね。

そして，アニメだけでなく，有名なディズニーランドもつくったのですね。

自分の興味をもったことをどんどん追い求め，夢を実現させていく。そんなディズニーさんの夢の実現への一歩は，興味や小さな好奇心だったのでしょうね。今，みなさんは，どんなことに興味がありますか？

参考文献：ウォルト・ディズニー・高橋康子『ウォルト・ディズニーがくれた夢と勇気の言葉160』ぴあ，2006年

（龍神美和）

高学年

真理の探究

好奇心は道草でもある

　好奇心や興味，疑問をもち，それを追究することが自己実現につながることや，自分の好奇心や興味，疑問に目を向けられるように話します。

　みなさんは，手塚治虫さんという名前を聞いたことがありますか？
　…そうですね。鉄腕アトムやブラック・ジャックなど，たくさんの作品を残された漫画家の方ですね。
　手塚治虫さんは，漫画の他にも，日本で初めての30分間のテレビアニメをつくったり，今の漫画の形のもとをつくったりしました。
　さて，手塚治虫さんは一生の間に，何枚くらい漫画を描いたと思いますか？　どれくらいお話をつくったと思いますか？
　なんと17万枚です。つくったお話はいろいろなジャンルの700話！　そして，「漫画の神様」と呼ばれたりもしている手塚治虫さんですが，またまた，なんと医師免許も持っていらっしゃったそうです。
　そんな手塚治虫さんの言葉に「好奇心というのは道草でもあるわけです。確かに時間の無駄ですが，必ず自分の糧になる」というものがあります。
　いろいろなことに興味や疑問をもち追究することが，「手塚治虫さん」という存在をつくったのでしょう。
　みなさんが，今，興味や疑問をもっていることは何かな？

参考サイト：「Google Arts and Culture」(https://artsandculture.google.com)
　　　　　「手塚治虫物語」(https://tezukaosamu.net/jp/about/story.html)

（龍神美和）

> 高学年

真理の探究

失敗や挫折をすることの意味

 POINT!!

興味をもったことに向き合って挑戦してみることを，新たな見方，考え方の発見や自己実現につなげて話します。

「失敗や挫折をしたことがない人とは，何も新しいことに挑戦したことがないということだ」という言葉は，ノーベル物理学賞をとったアルベルト・アインシュタインのものです。

アインシュタインさんは，物理学の研究を続ける中で，きっとたくさんの失敗や挫折も経験をしながら，たくさんの新しい発見をしていったのでしょう。

自分の興味をもったことや，疑問に向き合い，挑むからこそ，失敗や挫折も経験するということは，失敗や挫折は自分が何かに挑戦した証拠だということですね。そして，そのことは，新しいことに気がついたり，見えなかった世界を見たりすること，つまり，自分の可能性をひらく切符を手に入れたということと同じなのではないでしょうか。

参考サイト：ニッポン放送 NEWS ONLINE「アインシュタインの格言～失敗したことがない人は，新しいことに挑戦していない」(https://news.1242.com/article/167993)　　（龍神美和）

低学年

希望と勇気，努力と強い意志

お手伝い続けるよ

努力を続けていることで，自分の成長の自信になったり，周りが喜んでいる話として紹介できるとよいです。

　今日は，みなさんがいつもがんばっていることや，そんながんばっていることでも，時々自分の気持ちに負けそうになってしまうなどを考えることができましたね。最後にお友達の○○さんのことをお話ししたいと思います。

　○○さんはお家で，いつも晩ご飯の準備を手伝っているそうです。それは，炊飯器にお米と水を入れて，ご飯を炊くことだそうです。そのことは，○○さんの「がんばってるよカード」にも書いてありました。○○さんは，時々「面倒だな」と思うこともあるけど，お家の人のためにがんばって続けたいという気持ちも書いていました。

　この間の個人面談のときに○○さんのお家の方とお話ししたときに，お家の人は，「とっても助かっている，1年生になっていろんなことができるようになったと思う」とお話しされていましたよ。

（仲川美世子）

中学年

希望と勇気，努力と強い意志

> **好きだからこそがんばれる**

自分が好きなことを続けると結果が付いてきたり，楽しく暮らしていけたりすることが伝わる話として紹介できるとよいです。

　今日は，みなさんがいろいろなことをがんばっていて，でも時々自分の気持ちに負けそうになってしまうことをいろいろ考えることができましたね。最後に一つお話ししたいことがあります。

　新しい漢字を覚えることが大好きで，学校で習うたびに「おもしろいな，そんな意味があるんだ」と思いながら勉強している子がいました。ただ，大好きなんだけど，担任の先生の漢字の丸付けがとても厳しくて，はらったりはねたり，画と画の付き方も正確でなければ〇がもらえませんでした。その子は，ノートに何回も練習するのは面倒だな，と思っているのですが，なんとかして漢字テストで100点が取りたいので，毎回のテストに向けていつもたくさん練習していました。その努力が実って，70点，80点，90点……とだんだんと点数が取れるようになり，ついに100点を取ることができました。そうすると，今度は100点を続けて取りたいと思いました。また，練習を続けるのは大変でしたが，担任の先生も，おうちの人もよくやっているね，と言ってくれたので，がんばって続けることができました。それにたくさん練習しているうちに，漢字のできかたもだんだんわかってきて，練習もつらくなくなってきました。それが誰かというと，3年生のときの私です。

　では，今日の学習をおわりにしましょう。

（仲川美世子）

高学年

希望と勇気，努力と強い意志

> ## 続けることのよさ

> 自分が得意なことを続けるとよい結果も出てきて，自分の自信にもつながるということが伝わる話として紹介できるとよいです。

　今日は，みなさんが日頃がんばっていることをお互いに認め合えて，励まし合うこともできましたね。最後に一つお話ししたいことがあります。

　私が前に受け持っていた子の中に，Aさんという子がいました。
　Aさんは，あまり勉強するのが好きではなかったのか，どうしても宿題を怠けてしまうところがありました。でも，Aさん，字がとてもきれいだったのです。だから私は，宿題の中でも，漢字の練習に力を入れてみたら，と声をかけました。せめてそれだけでも宿題をやってほしかったんですね。
　Aさんは，最初は1行，2行しか練習してこなかったのですが，だんだん練習する量が増えていって，毎日1ページずつ，いろいろな漢字を練習してくるようになりました。それもとてもきれいな字で。
　そうしたら，漢字テストでもだんだんよい点が取れるようになってきて，夏休み明けの50問テストで一発合格したのです。
　私もとても驚いたけど，Aさん自身もびっくりしていました。でもとてもうれしそうで，他の学習，算数などもがんばろう，という気持ちになっていました。そして何よりも教室でのAさんの表情が明るく変わってきました。
　得意なことをコツコツ続けて変わっていったAさんのお話をして今日の道徳をおしまいにします。

（仲川美世子）

高学年

親切，思いやり

優しいの考え方

相手への思いやりの行動をさらに自覚させるために，漢字の捉え方を通して話をします。

　この漢字を見てください（板書かモニターに「優」という漢字をうつしながら）。これは優しいという言葉に使われる漢字ですね。
　憂い（悲しみや不安）に寄り添う「人」と書いて「優しい」。そう優しい人ですね。優しくなるには人の憂いに気づいたり，知っていたりすることが必須です。それが思いやりにも通じます。
　思いやりを伝えるためには相手の状況をよく見ないといけません。優しい気持ちでしていたにもかかわらず相手を不愉快にしてしまったことが自分にもあるからです。要するに思いやりとは自分だけで成立するものなのではなく，相手のことを考えて行動することなのでしょう。優しいという漢字で考えてみるとそういったことの成り立ちがよくできていて素晴らしいなと感じます。優しい気持ちで接してみてくださいね。

参考文献：鎌田賢二『最高のクラスになる漢字プラクティス』東洋館出版，2022年

（鎌田賢二）

高学年

親切，思いやり

「どうぞ」を広げよう

「どうぞ」に込められた思いやりを知ることを通して，思いやりをもって人に接したいという思いをもてるようにします。

　思いやり，親切に関係する言葉を紹介します。それは「どうぞ」という言葉です。この言葉はどんなときに使っているでしょうか。
　お先にどうぞ
　どうぞご自由におとりください
　どうぞお召し上がりください
　まだまだいろいろな使い方はあるのですが，このように許可するときや，おすすめするときなどによく使う言葉ですね。
　バスや電車などでお年寄りに席を譲るときにかける「どうぞ」という言葉は本当に素敵だなと思います。短い言葉の後には，相手を思いやった行動につながる言葉が多いです。
　学校生活の中でも，小さい子に許可したり，おすすめしたりすることがこれからみんなにも増えてくるはずです。「どうぞ」という温かい言葉が学校中に増えていくといいですね。その前にクラスやお家でも「どうぞ」がたくさん使えるようにしてください。また家であったことや学校であったことなど私に教えてください。そのときは「どうぞ」って言いますね。

（鎌田賢二）

親切，思いやり

おもいやり算を生かす

POINT!!

思いやりの形を四則計算の式で考えたＣＭでの言葉を振り返ることで行動につなげようという思いをもたせるように進めます。

みなさんに今日は一つ知っておいてほしい言葉があります。それは「おもいやり算」というものです（プロジェクターなどでうつすか板書する）。

たすけあう　ひきうける
声をかける　わけあう

やさしいでしょ、おもいやり算

これはAC ジャパンのCM にあった言葉です。本当に優しい気持ちになれる算数ですね。

思いやりと一言で聞いても優しいということはイメージできても行動のイメージがしにくいかもしれません。しかし，このように＋－×÷に合わせて思いやりを形にすることで思いやりが見えてきますね。自分でやっていくことも大切ですが，こういった姿を見つけて「素晴らしいね」という声をかけられることもとても大切です。算数をする度にこういった言葉を思い出して行動できるといいですね。おもいやり算を生かしてくださいね。またお家でも話してみてください。

引用：ACジャパン 全国キャンペーン「おもいやり算」

（鎌田賢二）

低学年

感謝

「ありがとう」の言葉の由来

POINT!!

「ありがとう」の言葉の由来を通して，感謝を伝えることの大切さに気づかせます。

　みなさんは「ありがとう」という言葉がどのようにして生まれたか知っていますか。

　「ありがとう」はもともとは「有り難い」という言葉から生まれました。

　「有り難い」とは，めったにない，珍しい，つまり，普段とは違う特別なことがおこったことを意味しています。

　「有り難い」の反対の言葉は，「当たり前」です。私たちが「ありがとう」という言葉を言うとき，それは，その人がしてくれたことが，自分にとってあって当然，当たり前のことではなく，特別なことであったことを伝えているのです。

（中橋和昭）

中学年

感謝

「敬老の日」を通して先人の努力に思いを馳せる

「敬老の日」の意味を知らせ，先人の努力に対して感謝の気持ちをもてるようにします。

9月の第3月曜日は，国民の祝日の「敬老の日」です。「敬老の日」は，長年にわたって私たちの社会につくしてくれたお年寄りに感謝し，長生きをお祝いするために，1966年（昭和41年）に設けられました。

これまで自分たちが暮らす社会を築いてくれたお年寄りを大切にし，ねぎらおうという取り組みは，70年以上前の兵庫県から始まり，その後全国に広がっていったそうです。

日本と同じようなお年寄りのための記念日は，お隣の韓国や中国，アメリカやカナダ，イタリアなど世界中で設けられています。今，私たちが暮らす社会は，これまで生きてきた人々の営みによって形作られてきました。先人の取り組みに感謝の気持ちを伝え，お年寄りを大切にしていきたいと願うのは，世界中の人たち共通の思いです。

「敬老の日」は，そうした先人たちの努力に感謝の気持ちを伝えるとともに，先人の努力を受け継いでいこうとする私たちの気持ちを新たにする日にしたいものですね。

（中橋和昭）

高学年

感謝

災害ボランティアの現場での「ありがとう」

災害ボランティアの現場での「ありがとう」のやり取りから，私たちのくらしが人々との助け合いに支えられていることに気づかせます。

　1995年（平成7年）の阪神淡路大震災以来，災害の現場では，被災地の支援のために全国各地からたくさんの人々がボランティアに駆けつけるようになりました。これまで日本国内での災害に際して，被災地でボランティア活動に参加した人数は何百万人にものぼるそうです。

　予想もしなかった災害により，身近な人たちの命や家屋を失ったり，自身の命や暮らしが脅かされたりすることになった被災地の人々にとって，善意から手助けをしてくれるボランティアの人々への「ありがとう」の言葉は，心からの感謝の気持ちの表れでもあるでしょう。

　しかし，「ありがとう」という感謝の言葉がおくられるのは，被災地の人々からボランティアの人々へだけではありません。災害ボランティアから被災地の人々へ「ありがとう」の言葉がおくられることも多いのです。それらの言葉は，ボランティアの人々にとって，困っている人の役に立てたこと，多くの人々とのつながりをもてたことに対する感謝の気持ちからです。

　災害は悲しいできごとですが，その現場では，お互いに助け合い感謝し合う人々の温かい心の存在に気づかされます。

（中橋和昭）

低学年

礼儀

気持ちのよい挨拶は元気のもと

日々の自分たちの挨拶のよさを実感できるように，身の回りの方から聞いた子どもたちのよい挨拶の実践を紹介します。

この間，毎朝学校に来て，みんなに挨拶をしてくださっている地域の方に，「いつも挨拶をしてくださってありがとうございます」とお礼を言いました。すると，その方は「いえいえ，私の方こそありがとうございます」とおっしゃったのです。なぜかわかりますか。

その方は続けて「子どもたちの元気な挨拶を聞くと，1日がんばるぞという元気が湧いてくるのよ」と言ってくださいました。私もみんなの挨拶に元気をもらうことがあります。みんなもお友達の挨拶に元気をもらうこともあるのではないでしょうか。

みんなの気持ちのよい挨拶を聞くのが，私の毎朝の楽しみです。

（尾崎正美）

中学年

礼儀

> ## 字はこころの顔

> 普段，特に意識せず書いている文字ですが，書くときに読む相手を意識して美しく書こうとすることも礼儀の一つであることを話します。

　今日は，礼儀を表すのは挨拶だけではないということに気づきましたね。普段の生活には，今日，話題になったふるまい方以外にも，礼儀の心が現れるものがいろいろあります。その中の一つ，文字にも礼儀が現れると思うのですが，みなさんはどう考えますか。

　書家の山下静雨（せいう）さんは，「相手に自分の『こころ』を正しく伝えるためにも，文字は美しく書きたいものだ」とおっしゃっています。確かに，同じ文章でも美しい文字で書かれていると，読んでいてもいい気持ちになりますね。山下さんによると，美しい文字を書くには「文字を美しく見せる方法」を知っていることが基本になるそうです。その基本には「三本以上の線の間隔は均等に」「文字の中心を意識して」「行間はゆとりをもつ」などがありますが，最も大切なことは「ていねいに書く」ことだそうです。

　今は，手書きで手紙を書くことが減ってしまいましたが，普段のちょっとしたメモでも，人に渡すものは，ていねいに文字の美しい形を意識して書くことが相手を大切にする気持ちを表す礼儀になるのだと思いました。

参考文献：「生活いきいき事典　あなたも今日から"手紙美人"」『倫風　５月号』一般社団法人
　　　　　実践倫理宏正会，2007年

（尾崎正美）

高学年

礼儀

礼儀の心を表す行為

挨拶以外の礼儀の心が感じられる行為に関する話をして，礼儀の心が感じられる行為について思いを広げられるようにします。

　今日は，相手のことを思い，相手が気持ちよく過ごせるように自分の行動を見直す礼儀の心について考えましたね。人のことを思う礼儀の心ということで，こんな話を思い出しました。

　2022年にカタールでサッカーのワールドカップが開かれました。そこでの，日本人サポーターの試合終了後のゴミ拾いが話題となりました。日本人サポーターは，日本以外の国同士の試合でも，試合終了後にスタジアムのゴミを拾って帰ったそうです。また，日本代表選手は，ロッカールームを使用後きれいに片づけ，「ありがとう」のメッセージと共に折り鶴を置いて去ったそうです。

　サポーターのゴミ拾いや代表選手の片づけは，必ずしなければならない行為ではありません。しかし，その行為にスタジアムやサッカーへの尊敬，使わせてもらったことへの感謝などの心が込められているから，その行為は人を感動させ，心地よくさせるのではないでしょうか。人を思う礼儀の感じられる行為を私も心掛けていきたいと思います。

（尾崎正美）

友情, 信頼

「4つの言葉」で友達づくり

POINT!!

学んだ友達のよさを日常生活で体験する橋渡しとして,「ありがとう」「ごめんなさい」「ドンマイ」などのソーシャルスキルを学びます。

　友達っていいですね。友達がいると, 毎日が楽しくなります。
　その友達をつくる「4つの言葉」を, 最後に私と一緒に練習しましょう。
　1つ目は「ありがとう」です。笑顔で, 言ってみましょう。せ〜の, ありがとう。隣の人とも向かい合って, 笑顔で, ありがとう, せ〜の。
　2つ目と3つ目は順に使います。「ごめんなさい」と「ドンマイ」です。「ドンマイ」は気にしないでいいよという意味の英語です。心を込めて言います。隣同士, 最初は右側の人がごめんなさい, 左側の人はドンマイです。
　じゃあ右側の人, ごめんなさい, せ〜の。左側の人, ドンマイ, せ〜の。
　次は, 左側の人, ごめんなさい, せ〜の。右側の人, ドンマイ, せ〜の。
　4つ目は「上手だね」です。まず私と一緒に言います。せ〜の, 上手だね。次は隣の人とです。今度は左側の人から, 上手だね, せ〜の。今度は右側の人, 上手だね, せ〜の。4つの言葉で, たくさん友達をつくりましょう。

(渡邉泰治)

中学年

友情，信頼

> クラスの友達，無二の親友，どちらも大切

　自分とは個性の異なるクラスの友達も，互いに切磋琢磨できる親友も，両方が自らを成長させるために大切だという点を話します。

　友達というと，クラスの友達という広い意味から，本当に心を許し合える親友，一緒にしゃべったり遊んだりする好みが合う人という，比較的少ない限られた人をさす狭い意味までいろいろです。

　では，どちらの友達が大切なのでしょう。
　「三者三様」「十人十色」という言葉通り，人は，3人いれば3人とも，10人いれば10人とも，行動や考え，好みなどがそれぞれ違って様々です。好みが違うクラスや学校の友達がいるからこそ，自分と違う考えやよさを知ることができます。より多くの広い意味の友達は，自分にはないものを学ぶ，自分と違う人とも協力する力をつける意味で大切です。
　一方，「無二の親友」という言葉もあります。無二とは，二つ無いという意味，他と比べられない位，親しい，かけがえのない友達という意味です。心を許し合える，互いのよさを理解し合い，励まし合い，ときには競い合うライバルとも言える親友は，壁を乗り越え，自分を成長させる上で大切です。

　つまり，クラスの友達，無二の親友，どちらも自分の成長には大切なのです。どちらの友達も大切にして，みんなで成長していけたらいいですね。

（渡邊泰治）

高学年

友情, 信頼

切磋琢磨し, 互いに高め合う友達をつくろう

　自分に都合のいい友達ではなく, 切磋琢磨し, 互いに高め合って成長する, 尊敬し合える友達が「本当の友達」だという点を話します。

　「切磋琢磨」という言葉があります（板書または文字を印刷し提示）。
　"学問や人徳を, よりいっそう磨き上げること。また, 友人同士が互いに励まし合い競争し合って, 共に向上すること。"（三省堂『新明解四字熟語辞典』）という意味です。「切」は獣の骨や角などを切り刻むこと。「磋」は玉や角を磨く, 「琢」は玉や石をのみで削って形を整える, 「磨」は石をすり磨くことです。友達だからといってすべて賛成するのではなく, 間違っていたら言いにくいことも忠告する, 競争し合い伸びていく, いいライバルです。
　自分に都合のいい友達は「本当の友達」とは言えません。本音で言い合い, お互いに切磋琢磨でお互いが成長するのが「本当の友達」ですね。

　2022年サッカーワールドカップで話題になった「三笘の1mm」や, 強豪スペインを破る決勝点を決めた2人の選手を知っていますか。ライン際1mmまで諦めずパスを上げた三笘薫選手とそれをゴールにつないだ田中碧選手です。2人は1歳違いで, 小中学校時代から同じチームでよきライバルとして切磋琢磨し合う仲だったことが有名です。2人は「本当の友達」ですね。
　「本当の友達」は一生の宝です。仲のよい友達で満足せず, 切磋琢磨し, 互いに高め合って成長する, 尊敬し合える友達ができたらいいですね。

（渡邉泰治）

2章　内容項目別・説話大全　129

中学年

相互理解，寛容

「私と小鳥と鈴と」

「みんなちがって　みんないい」に込められた意味から，互いを尊重し合うことの大事さについて伝えます。

　金子みすゞさんの詩に「私と小鳥と鈴と」があります。
「私が両手をひろげても，お空はちっとも飛べないが，飛べる小鳥は私のように，地面（じべた）を速くは走れない。私がからだをゆすっても，きれいな音は出ないけど，あの鳴る鈴は私のように，たくさんな唄は知らないよ。　鈴と，小鳥と，それから私，みんなちがって，みんないい。」

　この詩のようにみんな違うことはとても当たり前のことであり，とても大切なことです。みなさんも，同じ学校同じクラスにいても，一人ひとり得意なことや苦手なことは違いますね。そんな違いを，「違ってはいけない。同じでなくてならない」と考えたら，自分もみんなもどんなに苦しくてつまらない世界になるでしょう。
　それでも，違いがうまく受け入れられなかったり，自分自身が違いに苦しんだりすることもあるでしょう。そんなときはこの詩を思い出し，違いを大事にできているかなと自分の心を見つめてみるのもいいかもしれません。

（福田衣都子）

高学年

相互理解，寛容

こども基本法が大切にしている考え方

「すべてのこどもは大切にされ，基本的な人権が守られ，差別されないこと」の実現に向けた具体的な行動について投げかけます。

　令和5年4月にこども家庭庁ができ，こども基本法という法律もつくられました。このこども基本法が大切にしている考え方の一つに「すべてのこどもは大切にされ，基本的な人権が守られ，差別されないこと」があります。
　しかし，世界中を見渡してみると，国の違い，性の違い，人種の違い，言葉の違い，文化の違い，考え方や意見の違いなど，様々な違いによる差別や衝突も多く発生しています。戦争に発展している国々もあります。
　違うことは当たり前であるのに，違うことによる差別や衝突はなぜなくならないのでしょう。どうすればなくなるのでしょう。

　みなさんの日々の生活の中でも，他の人と考え方が違ったり，意見が違ったりすることはたくさんあるでしょう。自分の考えや意見と違うものを受け入れるのは難しいときもあるかもしれません。でも，そんなときこそ「そういう考え方もあるんだな」とまず受け止めてみて，「どうしてそう思うの？」と聞いてみてはどうでしょうか。そうして対話を重ねることでよりよいものが生まれるかもしれません。
　世界中の差別をなくす第一歩は，違いを受け止め自分と異なる意見や立場を尊重する一人ひとりの行動です。こども基本法の主役はあなたです。

（福田衣都子）

高学年

相互理解，寛容

セトモノとセトモノと

セトモノを例に，ぶつかり合うことで壊れたり傷ついたりすること，柔らかな心をもつことの大切さと難しさを感じられるように話します。

　相田みつをさんの詩に「セトモノとセトモノと」という言葉で始まる詩があります。
　セトモノとは茶碗やお皿のような焼き物のことです。少し想像してみてください。それらがぶつかるとどうなりますか（「割れる」など，子どものつぶやきを拾う）。この詩は，そのようなセトモノを人の心にたとえた詩です。
　みなさんが想像したように，茶碗のような固いセトモノは，ぶつかり合うと壊れた傷ついたりします。しかし，片方がスポンジのようなやわらかいものであれば，壊れたり傷ついたりすることはありません。
　人間関係も同じです。それぞれが自分の考えや意見に固執しセトモノのような頑なな心でぶつかり合うと，人間関係も壊れたり傷ついたりするでしょう。しかし，どちらか片方でもスポンジのような柔らかい心で，相手の考えや意見を理解しようと努力し，受け止めながらよりよい道を探していけば，そこから壊れたり傷ついたりすることはなく，新しいよりよい道も開けていくことでしょう。
　自分の考えや意見が強ければ強いほど，心はセトモノになりやすくもあります。さて，あなたの心はセトモノの心が多いですか？　それともやわらかいスポンジの心が多いですか？

（福田衣都子）

> 低学年

規則の尊重

> 身近な人はどのように約束やきまりを守っているのかな

　周囲に目を向けて，身近な人が約束やきまりを守る姿に気づいていけるように話をします。

　みなさんは「まね」というと、どんな感じがしますか。自分の頭で考えていないからそれはずるいことだと思いますか。それとも、せっかくよいことを思いついたのにお友達にまねをされてしまって嫌な思いをしたことがありますか。

　「まねをする」ということは決して悪いことばかりではありません。昔の言葉で「学ぶ」という言葉は「まねぶ」と読みました。「まなぶ」ことは「まねる」ことだったのです。何かを学ぶためには、まずは「まねてやってみる」ことから始めていくことが大事にされていたそうです。スポーツやダンス、楽器の演奏でも、まずは上手な人のやり方をまねしてみると、だんだんとおもしろさがわかってくることがありますね。

　今日は身の回りのきまりやマナーについてみんなで話し合っていきました。お家の人や身近な人が学校の中や地域の中でどのように行動しているのかをよく見て、それをまねしてみると、新しい発見があるかもしれません。「どうしてそうするのかな」と理由を考えてみるのもいいですね。みんなが気持ちよく安心して過ごすための約束や決まりをたくさん見つけることができるといいなと思います。「こんなすてきなきまりやマナーを見つけたよ」というものがあったら私にもぜひ教えてくださいね。

(小山統成)

中学年
規則の尊重

1年間の中で交通事故が多いのは

POINT!!

具体的な交通事故件数のグラフを提示し、子どもでも大人でも心のあり方が規則を守ることに影響を与えることを伝えます。

　小学生の交通事故が最も多くなるのは5月、大人の交通事故は3月だというデータがあります。どうして小学生と大人で交通事故が最も多くなる月が変わるのでしょうか（グラフを示せるとよい）。

　小学生は、5月ごろになると、新しい学期が始まった緊張感が薄くなってきたり、公園に行ったり近所に買い物に行ったりするなどの一人で行動する場面が増えるのだそうです。一方、大人の場合は、3月はお仕事が忙しくなる人が多いそうです。

　つまり、落ち着いて行動しているときには、周囲の危険に気づくことができていても、焦っていたり、何かに夢中になっていたりすると、周りが見えなくなってしまうのは、子どもも大人も同じだということですね。私も、疲れているときこそ、気持ちを引き締めて行動するように気をつけています。きまりの大切さを考えて、どんなときでも安全に生活できるようにしたいですね。

（小山統成）

高学年

規則の尊重

> 「きまりやマナー」は時代や場所で変化する

> きまりやマナーは、絶対的なものではなく、その時代や場所に生きる人がつくり出していくことに気づくことができるようにします。

　今では当たり前のことが、時代や場所が変わると当たり前ではなくなることがあります。

　例えば、数十年前までは、電車やバスの中、映画館の中や病院の待合室、学校の職員室でもタバコを吸うことができました。昭和の時代は、今ほど禁煙についてのルールが厳しくはなく、いろいろなところで「タバコを吸ってもいいですよ」ということになっていました。しかし今では、タバコによる健康への被害が見直され、喫煙できる場所を制限したり喫煙所を設けたりするようになりました。これは喫煙をしたい人の権利と、近くでタバコを吸ってほしくない人の権利の両方を守っていくためにルールが変わっていったということになります。

　また、日本では、旅行中に地図アプリで目的地を確認しなら歩くことはありますが、アメリカでは歩きスマホに罰金が課せられる法律がある地域があります。日本では問題ないからといって、外国でも必ずしも許されるということではありません。きまりやマナーは、その時代や場所の人々の生活に合わせて変化していくものです。よりよい社会を築いていくために必要なきまりは、この先、みなさんがつくり出していくのです。

参考文献：齋藤孝『正義ってなんだろう』リベラル社、2022年

（小山統成）

高学年

公正，公平，社会正義

正義を貫く

たとえ同じ行動はとれなくても，自分の中にある想いや信念を貫こうとする生き方の大切さを伝えたいです。

　東洋のシンドラーと呼ばれた外務省職員「杉原千畝」という人を知っていますか。第二次大戦中にリトアニアという国で領事館領事代理という役職についていた人です。ナチス・ドイツに迫害されたユダヤ人の難民が日本の通過ビザの発給を求め，外務省に押しかけます。千畝は日本政府に何度も通過ビザの発給の許可をお願いしますが，外務省の回答はNO。当時のソ連の進駐により，リトアニア国外への退去が命じられ，その期限が迫る中，葛藤しながらも「ビザを発給すること」を決断し，書き続けるのです。「人の命より重いものはない」と，自分が今，やるべきことは何かを考え，信念に従い，6000人ものビザを発給し，千畝はユダヤ人の命を救いました。

　戦後，本国の訓令に背いたという理由で，外務省は千畝を退職させましたが，杉浦千畝生誕100周年に当たる2000年に，正式に謝罪がなされ，彼の名誉は回復されました。その後，映画になったり，教科書にも取り上げられたりしています。興味をもった人はぜひ調べてみてください。

（櫻井雅明）

参考文献：杉原幸子『六千人の命のビザ〔新版〕』大正出版，1993年
　　　　　杉原幸子・杉原弘樹『杉原千畝物語　命のビザをありがとう』金の星社，1995年

高学年

公正，公平，社会正義

> 非公正，不平等の現実には疑問をもち，断固として立ち向かう

公正，公平に欠ける言動には，疑問をもち，現状を打開するために行動を起こそうとする実践意欲を刺激できるよう，話をします。

　キング牧師という人を知っていますか。キング牧師は，1929年1月15日にアメリカ・ジョージア州の3人兄弟の長男として生まれました。黒人がひどい差別を受けていた頃でした。彼も幼い頃から差別を受けて育ち，特に，高校時代に経験した非公正，不平等な扱いは，彼に差別をなくす決意をさせるきっかけになりました。彼は，弁論大会の帰り道，乗り合わせたバスの中で，白人から席を譲れと強制され，渋々と席を譲ることになるのです。

　1963年にリンカーンの奴隷解放宣言100年を記念する大集会がワシントンDCで開かれました。キング牧師はこの集会で「I have a Dream」の演説を行い，「私の夢は，いつの日か，この国が立ち上がり，『全ての人間は平等につくられていることは自明の事実である』というこの国の信条を，真の意味で実現させるということである」と訴え，多くの人々の共感を得ます。この年，7月2日に，ようやく白人も黒人も平等であると定義した公民権法が成立します。翌年，キング牧師は非暴力で人種差別撤回の活動を行ったことが評価され，ノーベル平和賞を受賞します。彼の，誰もが抱いていた言葉に出せない現状への思いを声に出し，未来への希望と共に大衆に訴え続けたことが，社会を動かしたのです。

参考文献：辻内鏡人・中條献『キング牧師　人権の平等と人間愛を求めて』岩波ジュニア新書，1993年

（櫻井雅明）

高学年

公正，公平，社会正義

思い込みは真実を見えなくする

 POINT!!

　無意識の思い込みや偏見について気づかせ，自分のものの見方やとらえ方の歪みや偏りの気づきにつながるよう話をします。

　最後に話をします。お話の後，質問するのでよく聴いていてください。
　ある日のことです。父親とその息子が車で出かけますが，途中で交通事故にあってしまいます。運転していた父親と息子は，救急車でそれぞれ別の病院に搬送されました。息子が運ばれた救急病院の手術室で，運び込まれてきた少年を見た外科医は「この少年は私の息子だ」と言ったそうです。
　さて，この外科医と少年はいったいどんな関係にあるのでしょう。
（少し間をとって）
　みなさん，この事態，わかりましたか（わかった人に説明してもらう）。
　アンコンシャス・バイアスという言葉があります。人って，これまで自分が経験してきたことや見聞きしてきたことに照らし合わせて，「この人は○○だから〜だろう」「ふつう○○だから〜だろう」と，解釈してしまうのだそうです。
　今の話，「どうしてお父さんが２人いるんだ？」と思った人はいませんか。「再婚だったのかな？」と考えた人はいませんか。みなさん，外科医は男性だと思っていませんか。これは，外科医＝男という思い込みから来ているものなのです。さあ，みなさん，こうした思い込みをなくすにはどうしたらよいと思いますか。

（櫻井雅明）

低学年

勤労，公共の精神

傍（はた）を楽にする働く

　当番やお手伝いなど，みんなのために役立とうとする気持ちを高められるように話をします。

　「はたらく」という言葉は，こんな風に書くと「はた　を　らく　にする」と読めますね（板書する）。はたというのは，そば，近く，ということです。みんなの近くには，お友達や先生，お家の人がいますね。そして，らくにするというのは，うれしい気持ちにさせるということです。みんなが働くと，お友達や先生，お家の人たちはうれしい気持ちになれるのです。

　みんなは，毎日，学校で当番や係活動をがんばっていますね。例えば，ぴかぴかの学校で気持ちよく過ごせるのは，掃除当番が働いてくれているおかげです。家では，決まったお手伝いを毎日している人もいるでしょう。そのおかげで，お家の人は楽になり，うれしい気持ちになれるのです。

　これからも，当番や係活動，お手伝いをがんばって，みんなをうれしい気持ちにしてくださいね。

（清水顕人）

中学年

勤労，公共の精神

係活動の３つのよさ

集団の一員として自分ができる仕事を見つけ，みんなのために働く喜びを感じられるように話をします。

　今，私たちの学級ではいろいろな係が活動してくれています。私は，係活動には３つのよいところがあると思っています。何だと思いますか。

　１つ目は，自分が楽しいというよさです。例えば，ニュース係さんは，いろいろな記事や楽しいクイズをお知らせしてくれます。自分たちで記事を集めたり，クイズを考えたりして工夫するのは，きっと楽しいと思います。
　２つ目は，みんなに喜んでもらえるというよさです。ニュース係さんのおもしろい記事やクイズを，みんなが楽しみにしてくれていて，係活動が学級のみんなの喜びにつながっています。
　３つ目は，学級が楽しい場所になるよさです。ニュース係さんの記事やクイズを見てわいわいと盛り上がっているのを見たことがあります。学級が明るくて楽しい場所になっているなと感じます。

　それぞれの係活動には，「自分」「みんな」「学級」にとってのよさがあります。みんなが行っている係活動では，３つのよさが発揮できていますか。自分たちも楽しくて，みんなに喜んでもらえて，素敵な学級になるような係活動を，これからも続けてほしいと願っています。

（清水顕人）

高学年

勤労，公共の精神

ひとつ拾えば，ひとつだけきれいになる

 POINT!!

ボランティア活動など社会に役立とうとする気持ちや奉仕する喜びを思い起こせるように話をします。

「ひとつ拾えば，ひとつだけきれいになる」というのは，イエローハット創業者の鍵山秀三郎さんの言葉です。鍵山さんは，「日本を美しくする会」の創設者で，掃除を通じて心を磨くことを推進されている方です。

みんなは，「自分が落としたごみじゃないから」とか「自分がごみを拾ったくらいで何も役に立たない」と思って，落ちているごみを見過ごしてしまったことはありませんか。確かに，一度に日本中をきれいにすることはできないかもしれませんが，１人がひとつごみを拾えば，だんだんと広がってきれいな社会になることを，鍵山さんは教えてくれているのだと思います。

学校や町の清掃などのボランティア活動に参加したことがある人もいると思います。みんなで清掃活動をした後，きれいになったその場所を眺めて，どんなことを感じましたか。きっと，大変だったけれどやり遂げた充実感やすがすがしい気持ちを感じたのではないでしょうか。ひとつひとつは小さな活動かもしれませんが，これからも，よりよい社会をつくっていく一員として，社会に役立とうとする気持ちを大切にしてほしいと思います。

参考文献：鍵山秀三郎著・亀井民治編『ひとつ拾えば，ひとつだけきれいになる　心を洗い，心を磨く生き方』PHP研究所，2006年

（清水顕人）

低学年

家族愛，家庭生活の充実

「おうちのにおい」ってどんなにおい

 POINT!!

　低学年の子どもは，匂いや音に敏感なので，家族やお家の匂いは，安心できる幸せな匂いで，家庭はかけがえのないところという話をします。

「おかあさん」　（作詞：田中ナナ／作曲：中田喜直）
　おかあさん　　なあに　　おかあさんて　いいにおい
　せんたくしていた　においでしょ　シャボンのあわの　においでしょ
　おかあさん　　なあに　　おかあさんて　いいにおい
　おりょうりしていた　においでしょ　たまごやきの　においでしょ

　これは，「おかあさん」という童謡（歌）の歌詞です。
　きっと，みなさんのお母さんやお父さんもいい匂いがすると思います。私のお母さんも，お布団を干したときのお日様のいい匂いがしてました。みなさんの家族や家庭にも，みなさんにしかわからない匂いがあるのです。不思議ですね。みなさんのお家の匂いは，どんな匂いなのかな。それは，とてもいい匂いで，安心できる幸せな匂いのはずです。

（三ッ木純子）

中学年

家族愛，家庭生活の充実

みんなとつながっているんだ

 POINT!!

　父母，祖父母を敬愛し，家族がずっとつながっていることを思い，これからも楽しい家庭をつくっていこうとする話をします。

　今日は，家族のお話をしました。
　みなさんの，おじいちゃんやおばあちゃんはそばにいますか。みなさんのお父さんやお母さんのお父さんであり，お母さんですね。そのまた先のお父さんやお母さんもいらっしゃいます。ずっとずっとつながって，みなさんがいるのです。
　夏休みや冬休みに，おじいちゃんやおばあちゃんに会いに行く人もいると思います。お墓参りをしたり，初詣に行ったり，田舎で遊んだりしたこともあるでしょう。みなさんが行くと，喜んで迎えてくれるでしょう。
　私は，おじいちゃんとおばあちゃんと一緒に住んでいましたが，夏休みになると，よくおばあちゃんと田舎に行ってお墓参りをしました。田舎に行くのは嫌ではなかったのですが，お墓参りは嫌でした。お墓の周りは雑草だらけで草取りをしたり，お墓の石を洗ったりしなくてはいけません。暑いし，虫はいるし，蚊にもさされます。でも，おばあちゃんのお手伝いをしながら，お墓がきれいになると，何となくうれしくなりました。おばあちゃんが「みんな喜んでいる」と言って，うれしそうにしていたからかもしれません。
　みなさんも家族と一緒に，自分にできることをしてみてくださいね。

（三ッ木純子）

2章　内容項目別・説話大全　143

高学年

家族愛，家庭生活の充実

橘曙覧の短歌

 POINT!!

家族の一員として，尊敬や感謝を込めて家族の幸せのためにできることや家庭生活を大切にしようという気持ちになる話をします。

「たのしみは　まれに魚（うお）煮て　児等（こら）皆（みな）が　うましうましと　いいて食（く）う時」という短歌を聞いたことがありますか。国語でも勉強したかもしれませんが，この短歌を書いた人は，幕末福井の歌人で国学者の橘曙覧（たちばなのあけみ，1812～1868年）という人です。

この歌の意味は，「私が楽しみとするのは，たまに魚を煮て，家族でその鍋を囲み，子どもたちみんながうまいうまいと言って笑顔で食べているときだ」という内容です。その光景が目に浮かぶようですね。

これは，「独楽吟（どくらくぎん）」という連作短歌の中の一首です。「たのしみは」で始まり「……とき」で終わる形式で，全部で52首あります。毎日の生活の中の小さな楽しみや家族の幸せ，学問への態度などがよまれています。

曙覧は，家族を大切にした人です。貧しい生活をしてはいましたが，心は豊かで，たくさんの楽しみを見つけて歌によみました。みなさんと一緒に，日常の生活の中から家族のありがたさや大切にしたいことを見つけたいと思いました。

参考施設：「福井市橘曙覧記念文学館」（https://www.fukui-rekimachi.jp/tachibana）

（三ッ木純子）

低学年

よりよい学校生活，集団生活の充実

楽しい学校生活

先生を敬愛し，学校の人々に親しんで，学級や学校の生活を楽しくしていくことにつなげて話をします。

　今日は学校の生活をもっと楽しくしていくためのお話について考えましたね。
　私が先日，授業の準備物をたくさん持って廊下を歩いているときにＡ男さんが「先生，持ってあげますよ」と言って助けてくれたことがありました。また，朝教室に来たら，Ｂ子さんが床に落ちていたゴミを拾って掃いていた姿を見たことがあります。その他にもいつも清掃用具の中をきれいに整とんしてくれるＣ介さん，黒板消しをクリーナーでいつもピカピカにしてくれるＤ美さん，たくさんの姿を見てとてもうれしく思っています。
　みんなが学校のことを考えて，自分のこと以外にも気を配ってくれているんだなと感心します。
　みなさんは「ドラえもん」を知っていますよね。ドラえもんが漫画の中でこう言っている場面があります。「みんなが一つの目的にむかって力をあわせる……。すばらしいことだなあ」。一人ひとりの力は小さいけれど，みんなが力を合わせると，できることがたくさんあるのです。これを「協力」と言います。みなさん一人ひとりの力を合わせていけば，もっともっとみんなで気持ちのよい楽しい学校生活が送れると私は思っています。一人ひとりの力を出し合って毎日が楽しく過ごせるといいですね。

（佐藤郷美）

中学年

よりよい学校生活，集団生活の充実

協力し合って楽しい学校，学級を

先生や学校の人々を敬愛し，みんなで協力し合って楽しい学級をつくることにつなげて話をします。

　まもなく学芸会がありますね。私たちの学年は合唱を披露するので今，猛練習中ですよね。合唱は一人で歌うものとは違い，複数の人々がその役割の声部に分かれて声を出して響かせ合い，一つの歌として聞いている人に感動を届けるのです。

　ここに1本の薪があるとします。この薪に1本火を点けて燃やしても1本分の小さな炎でしかありません。でもこれをキャンプファイヤーの焚き火のように組んで燃やすとそれは大きな火，火力になります。そう「燃えろや燃えろ……♪」の歌を思い出すし，火の神様も登場したりしますね。

　一人ではなく，大勢で行えば，それはそれは想像を超えた大きな力になります。それが学校という集団生活でこそ味わえる楽しさです。私も小学校のとき，合唱で歌いながら，みんなのハーモニーが耳に入ってきて，その素晴らしさに感動したことを覚えています。

　さあ，学芸会での合唱の成功に向けて，次の練習の時には，一人ひとりが声を出し合って響かせ合って，当日は素晴らしい合唱を来てくださった方々に届けましょう。

（佐藤郷美）

高学年

よりよい学校生活，集団生活の充実

集団の中の自分の役割

集団の中で，自分の役割を自覚して集団生活の充実に努めることにつなげて話をします。

　みなさんは『SLAM DUNK』という高校のバスケットボールを題材にした井上雄彦さんの漫画を知っていますか？　映画が上映されていますし，スポーツ少年団でバスケットをしている人もいるので，知っている人が多いかと思います。

　「諦めたら，そこで試合終了」など，いろいろな名言がある漫画なのですが，単行本22巻に「おまえのためにチームがあるんじゃねえ。チームのためにお前がいるんだ！！」という言葉があります。スポーツ選手の中にはひときわ輝く優れたプレイヤーがいることがありますが，チーム競技はその人のために競技があるのではなく，その才能や力をチームのために発揮してこそそのプレイヤーが輝くと言えます。個人と集団の関係にも当てはまりますが，一人の才能や力は集団のために発揮するときにこそすばらしい価値あるものになっていくのです。

　集団において，自分の立場や集団の向上のためにできる自分の役割をしっかりと自覚して，個人の力を合わせてチームとして取り組んでこそ達成できることがあるのです。一人ひとりが自覚して様々な活動に積極的に参加して，集団での楽しさを体験していきましょう。

（佐藤郷美）

> 低学年

伝統と文化の尊重，国や郷土を愛する態度

公園を守るわけ

地域の方に実際に来ていただいたり，インタビューを動画で流したりしてもよいです。

　今日は，みなさんが住んでいるところがどれだけ素敵なところか，という勉強をしてきましたね。最後にもう一つ，お話を聞いてください。

　みなさんが放課後遊んだり，お祭りがあったりする〇〇公園がありますよね。そこは子どもたちだけではなくて，大人もスポーツで使ったり，散歩をしたりするところです。また，公園愛護会の方たちがゴミを拾ったり，雑草を刈ったり，公園をきれいにする活動をしています。
　この前，地域のAさんに，どうしてそのような活動をするのか聞いてみました。そうしたら，
　「この公園は私が小さいときからあった公園で，ずっと使ってきました。だから，これからも使っていきたいし，今の子どもたちにもこの公園で楽しく過ごしてほしいから，ここを守っていきたいなと思っています。子どもたちが〇〇公園が好きだなあと思ってくれていたらうれしいです」
と教えてくださいました。
　みんな，〇〇公園で遊ぶと楽しいってよく言っていますよね。その話をしたら，Aさん，とてもうれしそうでした。

（仲川美世子）

中学年

伝統と文化の尊重，国や郷土を愛する態度

代々続く御神輿

地域へ愛着をもっている大人の話を伝えることで，子どもたちの心に地域のよさが残るような話をします。

　今日は，地域で大切にされていることについて考えてきました。最後に，いつもお世話になっているAさんの話を聞いてください。

　Aさんはこの間の夏祭りで，子ども神輿の企画をされていました。この子ども神輿は，〇〇神社で昔から続いているお祭りで使われてきたもので，代々手直ししながら伝わってきているそうです。子どもたちが元気で健康で育つように地域のみんなで見守っていこうという大人の気持ちも込められています。

　最近は，このお祭りや御神輿の手入れをするための人が少なくなってきて，Aさんたちも困ることもあるようですが，ずっと続いてきた，みんなが楽しみにしているお祭りをなくなってしまわないように，子ども神輿も絶やさないようにとがんばっていらっしゃるそうです。御神輿を保存したり，修理したりするのは特別な技術もあるそうで，そういうことができる大人も少なくなっているそうです。夏祭り当日もとても暑くてしんどいなと思うこともあるそうですが，子どもたちがたくさん集まってくれて，楽しそうにしている顔を見ると，大変だったことを忘れてしまって，また来年もやりたいと思ってしまうそうです。みなさんが住んでいるこの地域は，こういう大人たちがいたりお祭りがずっと続いてきたり，とてもすてきなところですね。

（仲川美世子）

高学年

伝統と文化の尊重，国や郷土を愛する態度

日本の伝統を守る

POINT!!

日本に伝わる伝統を守ったり受け継いだりしている方の考え方を伝えることができるような話をします。

今日は，日本に伝わってきた歴史のあるものや伝統について学びましたね。最後に私の知り合いで，お琴を教えている方のお話をします。

Aさんは子どものときからお琴のような日本の楽器に触れていたわけではなくて，中学生のときにお琴に触れる機会があって，そのときに初めて，お琴の素晴らしさに感動したそうです。そして，習うことができる方法を探して，先生について勉強したそうです。お琴を演奏するときには着物を着ることが多いそうです。着物も日本の文化ですよね。そうやって，日本で大事にされてきたものの素晴らしさを感じることがあるそうです。着物を着ると背筋がすっとのびて，姿勢もよくなってしまうのですって。

着物を着て町を歩いていると，外国の方に声をかけられることもあるそうで，そんなときは恥ずかしいような気もするけれど，日本を代表しているような気持ちにもなるとおっしゃっていました。自分の国のよいところがわかっていると自信をもってお話しできるとも言われました。だからこれからも日本の伝統として昔から伝わってきたものを大切にしたいと思うし，自信をもってお琴の演奏ができるように練習もしていきたいとおっしゃっていました。今日は，日本の伝統や文化が大好きだというAさんの話をして終わりにします。

(仲川美世子)

高学年

国際理解，国際親善

効果があらわれるとき

国々の力が合わさったとき，いろいろなよい効果があらわれます。違いを認め，理解し合うことの大切さにつなげて話します。

　日本で製造される車は海外でつくられた部品をとりよせていることがあるようです。そうやっていろいろな国のよいところを認めて，力を集めて進めていくことはとても大切なことの一つです。

　こういったことを表している漢字の一つに「効」くという漢字があります。これは「力」が「交」わって効果が出てくるというように捉えることができますね。

　効果を高めていくには，お互いの国のことをよく知っていくことが大切です。日本にはない力をもっている国に，力を分けてもらうことで今やっていることがさらに効果的になるかもしれません。お互いのことを知るためにできることはどんなことでしょうか。これからも他の国の力についても知っていけたらいいですね。

参考文献：鎌田賢二『最高のクラスになる漢字プラクティス』東洋館出版，2022年

（鎌田賢二）

中学年

国際理解，国際親善

同じでつながる

日本と他の国の「同じ」点に目を向けて，国際理解，国際親善につなげます。

　日本との違いについて考えると，いろいろなことが考えられますね。では，日本と同じということについて探してみるとどうでしょうか。

　日本には「清水の三年坂」というお話があります。その坂で転んでしまうと３年後に亡くなってしまうという噂があるところです。ある日そこで年老いたお坊さんが転んでしまい，近くの人が青ざめて「３年後に亡くなってしまいます」と伝えたところ年老いたお坊さんは喜んで「まだ３年も生きられるのですね。ありがたい」と言ったというお話です。実はこれは隣の国にある韓国・朝鮮にも「三年峠」というお話があり，そこで転ぶと３年後に亡くなるという同じようなお話があります。同じ人がつくったのか，いろいろな噂話が国境を越えたのか…国とのつながりを感じますし，何か親近感がわきませんか。

　人とのつながりもそうですね。違いについて理解し合うことは大事ですが，同じことが見つかると親近感がわきます。国際理解，国際親善のポイントは同じことについても探していくということなのかもしれませんね。またみなさんもお家の人と話してみて，他の国と日本の共通点などを話題にして探してみてほしいと思います。

（鎌田賢二）

低学年

国際理解，国際親善

身近なものが外国のものだった！

身近な食べ物から，外国の文化に興味をもち，外国への関心を高めていけるように話をします。

　みなさんが好きな食べ物は何ですか。当たり前のように出てくるこういった食べ物には外国のものがたくさんあります。

　ピザが有名なのはイタリア，麻婆豆腐は中国，カレーはインド，ビビンバは韓国・朝鮮ですね。食べたことがあるというものも多いと思いますが身近なものには，外国から来たものが結構あります。フルーツではバナナやさくらんぼ，スイカなどももともと海外から来ているものです。その中には上手に育てていく中で，日本のものになっているものも，もちろんあります。

　こうやって食べ物一つとっても外国とのつながりは本当にたくさんあります。このようにみなさんの身の回りには外国と関係するものが多いです。ということは，みなさんが生きて生活している中で外国とのつながりなしで過ごすことはないのかもしれません。外国と仲よくしていくことは改めて大切だと思いませんか。

　家の中にあるものでも外国とのつながりはどれだけあるのでしょうね。一度お家の人とも話しながらたくさん見つけてきてほしいと思います。

（鎌田賢二）

低学年

生命の尊さ

心臓の働き

心臓の働きを知らせ, 自分の体に関心をもたせます。

　みなさんは休み時間や体育の時間に体を動かした後, 胸がどきどきしたことがあるでしょう。それは, みなさんの体の中にある心臓というところが一生懸命に働いている証拠です。

　私たちの心臓は, 新鮮な血液を体のすみずみにまで送り出す働きをしていますが, 心臓が１日も休まずに働いているおかげで, 私たちは頭や体を動かして, 勉強をしたり, 運動をしたりすることができるのです。

　では, 心臓はどのくらいみなさんの体のために働いているのでしょう。時計の一番細い針が一周する１分間の間だけでも, 心臓は60回から80回くらい動いて, 合わせて４Ｌ（２Ｌのペットボトル２本分）くらいの血液を体中に送り出しているそうです。みなさんがまだお腹の中にいる赤ちゃんのときからずっと, 夜眠っていても, 心臓は少しも休むことなく働き続けています。それは, 機械やロボットにはまねのできない働きです。

（中橋和昭）

中学年

生命の尊さ

寿命をくらべると

　物の寿命はそれぞれ異なりますが，どの生命も限られた命を精一杯生きていることに気づかせます。

　生き物の命はいつか終わりを迎えます。生まれてからどのくらい生きられるか，その長さのことを寿命と言います。
　現在の私たち日本人の平均寿命は84歳（2019年）だそうです。

　では，他の動物の寿命はどうでしょう。お家でペットとして飼うことの多い犬や猫は13年から15年くらい，体の大きいアフリカゾウは70年くらい，ねそべったり，竹を食べる姿がかわいいパンダは20年くらいだそうです。
　世界最大の動物であるシロナガスクジラは80年くらいですが，セーシェル諸島にすむゾウガメは200年も寿命があります。北極海の深海にすむニシオンデンザメという魚はなんと400年くらいの寿命があることがわかりました。でも，動きがとってもゆっくりなんだそうです。
　身近な動物では，みなさんがよく家の周りで見かけるスズメは3年くらい，理科の勉強で観察したモンシロチョウの成虫は2週間くらいの寿命です。

　さて，みなさんはどの動物が幸せだと考えますか。

参考文献：総務省統計局『世界の統計　2024年度版』2024年

（中橋和昭）

高学年

生命の尊さ

「生命」を守る責任

　ハンス・ヨナスの「生命」に対する責任の議論から，「生命」を守ることの大切さを考えます。

　「生命」はなぜ守られなければならないのでしょうか。

　ドイツに生まれた哲学者，ハンス・ヨナスという人は「生命」のはかなさ，傷つきやすさからその理由を考えました。

　「生命」が生きようとするのは，何かの役に立つことを目指しているわけではなく，ただそうあること自体が目的であり，それだけで「よいこと」なのです。
　しかし，「生命」ははかなく，傷つきやすいものです。そのような傷つきやすい「生命」を目の前にして，しかもその「生命」をおびやかす力をその人がもっているとき，「生命」はその人に対して，自らが生き続けることの要求をつきつけるのだとヨナスは考えました。そのとき人には，自分がその「生命」を守るべきだとする責任が生まれると考えたのです。
　そして，そのような自分の損得を超えた責任を引き受けることができるのは，他ならない人間だけだと考えたのです。

参考文献：戸谷洋志『ハンス・ヨナスの哲学』角川ソフィア文庫，2022年

（中橋和昭）

低学年

自然愛護

人も昆虫もみんな仲良し

　昆虫を育てる中で共に生きている仲間として捉えることができるように話をします。

　みなさんは、家で昆虫を飼ったり、動物を飼ったりしていますか？　私は小学生のころ、カブトムシの幼虫を親戚の家からもらったことがありました。幼虫から成虫に育てたくて、大切に育てました。そして、何日かして朝起きると、カブトムシの成虫が虫かごの中にいました。そのときの感動は今でも覚えています。その後も、毎日餌をやり、水をやり大切に育てました。

　でもある日、友達とカブトムシを探しに行ったとき、木の蜜をたくさんのカブトムシが一緒に仲良く食べているのを見つけました。私のカブトムシもきっと同じカブトムシの仲間と一緒にいたいんじゃないかなと思いました。そして、家に帰り、私のカブトムシをさっき見つけた木のところに置きました。私のカブトムシはすぐに他のカブトムシと一緒に蜜をおいしそうに食べていました。悲しい気持ちもあったけど、それよりも私のカブトムシが他のカブトムシと仲良くしているように見えてうれしかったです。

（由良健一）

中学年

自然愛護

自然と共に生きる

自然を守ることが人の心を守ることにつながります。

　みなさんは蛍を見たことがありますか？　蛍は6月から7月の夜にお尻を光らせて飛ぶきれいな昆虫です。その景色には，人の心を感動させたり，心を落ち着かせてくれたりする不思議な力があります。

　この蛍は自然が多いきれいな川にしか住むことはできません。ゴミが多くある川，コンクリートできれいに整備されてしまった川には住むことはできないのです。

　私が住んでいる場所にも昔はたくさんの蛍がいました。でもいつの間にか，川にゴミが多くなり，蛍が一匹も見れなくなってしまいました。そこで，町の人たちが，もう一度蛍の見れるきれいな川にしたいという想いで川をきれいに掃除しました。

　今では，たくさんの蛍の光を見ることができるようになっています。この蛍の光は町の大切な生活の一部となり，町の人だけでなく，蛍を見に来る人の心を優しく包み込んでくれる大切な存在となっています。

（由良健一）

中学年

自然愛護

人は自然に生かされている

私たち人間は自然がもつ力に助けられていることを自覚します。

　みなさんは自然を守っているのでしょうか？　自然に守られているのでしょうか？

　昔，建築物や，火を使うための材料としてたくさんの木を伐採した場所がありました。大雨の日，その近くの町で，山が崩れ，土砂崩れが起きてたくさんの家が大きな被害を受けました。
　土砂崩れが起こる場所は，このように，昔木がたくさん切られた跡地が多いんです。その理由は木がなくなったせいで，土がむき出しになり，雨が降ると土砂が流れやすくなってしまったんです。特に斜面が急な場所では，雨がたくさん降ると大きな土や石が動いてしまうことがあります。
　でも，森林があると，雨の水を吸ってくれて，土が安定し土砂崩れが起きにくくなるんです。だから，森林は大切な役割があるんです。
　森林を守り，大切にすることで，みなさんの生活を自然に守ってもらうことにつながるんです。

　この話を聞いてもう一度，みなさんは自然を守っているのか自然に守られているのかを考えてほしいと思います。

（由良健一）

中学年

感動，畏敬の念

命の誕生はまさに神秘

命には，唯一性や連続性，有限性など様々な側面があり，その誕生の瞬間は，人間の力の及ばない神秘の領域であることを感じさせたいです。

　みなさん，何かの「命」が誕生する瞬間に出合ったことはありますか。そう，生まれる瞬間です。馬の出産のシーンをテレビで見たことがある人も多いと思いますが，馬は生まれるとすぐに立ち上がろうとします。アフリカのサバンナに住むキリンやシマウマなどもそうです。それは，天敵から自分の身を守るためです。生まれてくる姿もそうですが，この必死に立ち上がろうとする姿に，私たちは感動を覚えます。どこにそんな力があるのか。

　馬やキリンなどの大きな哺乳類に比べれば，本当にちっちゃな昆虫たちですが，庭先でたまたま，せみが脱皮し羽化したり，アゲハチョウが羽化したりする瞬間に出くわすことがあります。そのとき，とても得した気分になります。共通して思うのは，命の誕生は実に神聖で神秘的なものだということです。

（櫻井雅明）

中学年

感動，畏敬の念

自然の偉大な力

POINT!!

　自然の美しさを感じるという側面に加え，人間を守るという自然のもつ偉大な力にも着目し，自然と人間との関わりにつなげて話をします。

　釧路湿原という湿原を知っていますか。尾瀬に似た湿原で，北海道東部の釧路市の北側に広がっています。面積はおよそ２万６千ha，日本最大の湿原です。北海道大学釧路分校の教授らによって調査され，湿原の泥炭（樹木やコケなどの植物が，湿地に覆われて完全に分解されないまま炭化し，積み重なったもの）の堆積する速さが１年に１mm。そこから計算し，海面が下がり湿原が姿を現したのは，今から約３千年前ということがわかりました。この湿原は野生動物たちの宝庫で，特別天然記念物のタンチョウ，氷河期から生き残るキタサンショウウオ，絶滅が心配されているエゾカオジロトンボ，日本最大の淡水魚イトウなど，少なくとも二千種類以上の生物が生息します。1972年，環境保護か開発かで大激論が交わされましたが，今ではたくさんの人が訪れる国定公園になっています。この大自然，実は，見る対象だけでなく，2016年北海道東部が４度にもわたり台風の豪雨に見舞われた際に，釧路川河口に位置する釧路市を洪水の被害から守ったのです。湿原が天然の遊水地として機能したのです。自然と人間，守り守られ，両者はまさに共存しているんだなと実感させられた出来事でした。

　私は，氷点下10度に迫る厳寒の北海道の湿原で，求愛のダンスを舞うタンチョウヅルの姿を間近に見たことがありますが，その華麗な姿と鳴き声が今でも鮮やかによみがえってきます。

（櫻井雅明）

中学年

感動，畏敬の念

感動は心のエネルギー

　感動した経験は，人を動かす原動力になります。感動できる素直な心を大切にできるよう，話をします。

　感動は，感じて動くと書きますが，感動するときって，理屈や理論じゃないですよね。頭がいいとか悪いとか関係ありません。なんだかわからないけれど，心が突き動かされる。それは，美しい景色かもしれないし，映画やテレビのドキュメンタリー番組やドラマ，芸術，スポーツかもしれません。人との出会いや本かもしれないし，誰かの言葉かもしれない。感動する対象はみんな違うけど，ヒトやモノやコト，何かとの出会いなのです。

　感動したときって，心に一瞬にして衝撃が走ったり，心がじわーっとあったかくなったり，心が豊かになるのは共通していますね。感動とは，感じて心が動くというだけでなく，次の行動にもつながるのです。人を動かすエネルギーになるということです。感動する心に年齢は関係ありません，いくつになっても感動できるということです。だからこそ，いろいろなものを見たり，聴いたり，経験したりして，素直に感動できる心を大切にしたいですね。みなさんの若々しい感性に負けないよう，私もみずみずしい感性をもち続けたいと思います。

（櫻井雅明）

よりよく生きる喜び

> 失敗は成功のもと，成功は…

POINT!!

失敗を乗り越えていくことが，自分の自己効力感を高めていくことにつながっていることを理解できるようにします。

「失敗は成功のもと」ということわざがあります。意味は，「失敗しても，それを反省し欠点を改めていけば，かえって成功するものだ」というものです。では，成功は何の"もと"になるのでしょうか。どうして私たちは成功に向けて自分を改善していく必要があるのでしょうか。

人は，成功を積み重ねると，「目標に向かって，自分はそれに取り組んでいくことができる」と自分を信じる感覚を得ることができます。自分を信じることができると，次のチャレンジに向かっていったり，困難を乗り越えようと努力したりすることができるようになります。

「失敗は成功のもと，成功は〇〇のもと」。みなさんは，〇〇の中にどんな言葉を入れますか。これから，学校で，社会で自分の関心のあることにチャレンジしていく中で，自分だけの答えを見つけ出していってほしいと思います。

（小山統成）

高学年

よりよく生きる喜び

> レジリエンスを発揮して，しなやかな心を

弱さを乗り越え，よりよく生きようとする心と「レジリエンス」を発揮して困難や逆境から回復・適応する力を関連させます。

「レジリエンス」という言葉を聞いたことはありますか。レジリエンスとは，厳しい環境や困難などの逆境に向き合ったときに，その状況から回復して立ち直ったり適応していったりすることができる力です。近年，大きな震災や感染症の拡大など，人々の生活を一変させてしまうような出来事が起きる中，逆境を跳ね返す逞しさや"心のしなやかさ"が注目されるようになりました。

「しなやか」と辞書で引いてみると「弾力があってよくしなうさま」という意味が含まれています。強くても突然ポキッと折れてしまう心ではなく，強さに「やわらかさ」が足されることで，どんなことがあっても折れない心になっていきます。

「レジリエンスの高い人」といっても，その具体的な姿はさまざまです。勉強で難しい問題があっても投げ出さずに最後まで取り組む，友達と揉めてしまっても関係を元に戻そうと話し合える，辛いことがあっても前向きに考える……ここにいる一人ひとりが違った存在であるように，レジリエンスの望ましい姿はその人にとって違います。自分らしさを大切に，自分なりのレジリエンスを発揮していくことが大切です。よりよく生きていくことを目指してしなやかに力強く生きていきたいですね。

参考文献：小塩真司編『非認知能力』北大路書房，2021年　　　　　　　（小山統成）

高学年

よりよく生きる喜び

人間の弱さと進化

 POINT!!

　人間が弱さを乗り越えることで進化してきた歴史を，自分自身の生き方につなげて話をします。

　今日は，自身の弱さを乗り越えていく人間としての強さについてみんなで話し合っていきました。
　さて，私からは「人間の弱さと進化」についてお話をしたいと思います。人類は，約700万年前に誕生したと言われています。しかし，地球上には人類よりも強い体をもった生物がたくさん存在していました。そんな過酷な環境の中，人間はどうして今日まで生き残ることができたのか，そこには人間が自身の「弱さ」と向き合ってきたことが深く関わっているそうです。
　人間は，一人ひとりでは大きかったり強かったりする動物に負けてしまわないように「群れること」つまり，手を取り合って協力し合うようになりました。そして，そのために「言葉」を発明し，高度なコミュニケーションが取れるようになりました。言葉を発明したことで社会を形成し，高い知能を手に入れ，生物としての弱みを乗り越えてきたことで，今の私たちがあるんですね。
　大昔から，人間は自らの弱さと真正面から向き合ってきました。時代が移り変わっても，人間の中にその「弱さに向き合う」強さはずっと残り続けているのだと思います。何か困難にぶつかったとき，大昔に生きた私たちの祖先の努力にも思いを馳せてみると，それを乗り越える力が湧いてくるのではないでしょうか。

(小山統成)

【執筆者紹介】（執筆順）

田沼　茂紀（國學院大學教授）

龍神　美和（桃山学院教育大学准教授）

三ッ木純子（日本大学講師）

尾崎　正美（岡山県瀬戸内市立国府小学校）

中橋　和昭（石川県白山市立広陽小学校）

仲川美世子（神奈川県横浜市立榎が丘小学校）

櫻井　雅明（上越教育大学特任教授）

生田　敦（栃木県宇都宮市立ゆいの杜小学校）

福田衣都子（熊本市教育委員会事務局学校教育部長）

清水　顕人（香川大学准教授）

小山　統成（横浜国立大学教育学部附属横浜小学校）

佐藤　郷美（東北福祉大学准教授）

渡邉　泰治（新潟県新潟市立五十嵐小学校）

鎌田　賢二（京都府京都市立修学院小学校）

由良　健一（兵庫県尼崎市立わかば西小学校）

【編著者紹介】

田沼　茂紀（たぬま　しげき）

新潟県生まれ。國學院大學人間開発学部初等教育学科教授。上越教育大学大学院学校教育研究科修了。専攻は道徳教育学・道徳科教育学，教育カリキュラム論。

川崎市公立学校教諭を経て高知大学教育学部助教授，同学部教授。2009年より國學院大學人間開発学部教授。同学部長を経て現職。日本道徳科教育学研究学会会長，日本道徳教育学会常任理事・同学会神奈川支部長，日本道徳教育方法学会理事，小・中学校道徳科教科書『きみがいちばんひかるとき』（光村図書）編著者。『道徳科教育学の構想とその展開』（北樹出版，2022年）等，著書多数。

道徳科授業サポートBOOKS
小学校　道徳説話大全

2024年12月初版第1刷刊	©編著者	田　沼　茂　紀
	発行者	藤　原　光　政
	発行所	明治図書出版株式会社

　　　　　　　　　　http://www.meijitosho.co.jp
　　　　　　　　　（企画）茅野　現（校正）吉田　茜
　　　　　　　　　〒114-0023　東京都北区滝野川7-46-1
　　　　　　　　　振替00160-5-151318　電話03(5907)6702
　　　　　　　　　ご注文窓口　　　　　電話03(5907)6668

＊検印省略　　　　　組版所　広 研 印 刷 株 式 会 社

本書の無断コピーは，著作権・出版権にふれます。ご注意ください。

Printed in Japan　　　　　　　ISBN978-4-18-453825-2
JASRAC 出 2406176-401

もれなくクーポンがもらえる！読者アンケートはこちらから　→

道徳授業の板書がすべてわかる！

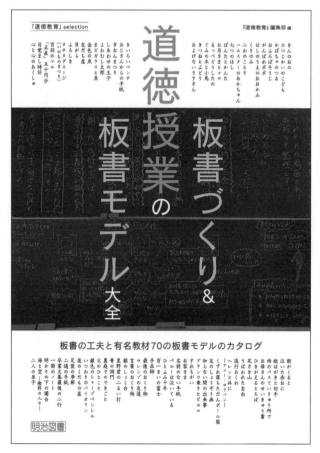

『道徳教育』編集部 編

月刊『道徳教育』で好評だった板書特集を増補再編集しました。板書の基礎基本はもちろん、板書を生かす13の工夫や、小学校低学年〜中学校までの定番教材70の板書モデルを取り上げました。これ1冊あれば、道徳の板書のポイントがすべてわかります！

B5判・120ページ 2,310円（10%税込） 図書番号 3268

明治図書　携帯・スマートフォンからは **明治図書ONLINE へ**　書籍の検索、注文ができます。▶▶▶

http://www.meijitosho.co.jp ＊併記4桁の図書番号（英数字）でHP、携帯での検索・注文が簡単に行えます。

〒114-0023　東京都北区滝野川7-46-1　ご注文窓口　TEL 03-5907-6668　FAX 050-3156-2790